JN114000

# 最前線からの

# HAKONE

# 箱根駅伝論

# EKIDEN

監督就任20年の集大成

# THEORY

青山学院大学 陸上部監督
原晋
Hara Susumu

ビジネス社

# はじめに

　講演などで話す、鉄板のマクラがあります。

「いまからの1時間は、原監督と青山学院大陸上部の自慢タイムでございます。自慢話をいっぱいさせてもらいますよ」

　こう言うと、皆さんに笑っていただけます。つかみはオッケーというところでしょうか。続けて、こんな話をするんです。

「箱根駅伝の勝者ですから、当然駅伝の話もしますが、私が語るのは箱根駅伝を題材とした教育的なこと。いわゆる教育論であり、組織論、リーダー論、こういった話を箱根駅伝を題材として皆さんにお伝えしたいと思っています」

　参加してくれた方の顔が、期待にふくらむのが見て取れます。おそらく、皆さんが聞きたいのは、駅伝のレースそのものではないのでしょう。

　1区の誰々にはこんな指示を出して、2区ではこうしたとか、戦術的な話が通用するのはせいぜい箱根が終わってから1カ月程度です。半年も経てば、たいていの人はレースの内容を忘れています。

ちなみに、2023年の箱根駅伝で優勝したチームはどこか覚えていますでしょうか。駒澤大と答えられる人は、案外少ないはずです。

青学大は2015年からの9年間で6回の総合優勝を飾っていますから、いつも勝っているように思われますけど、前回は負けているんです。

悔しいからこう言うわけではありませんが、講演ではレースそのものにはあまり触れず、あらゆる分野に共通する組織づくりやリーダーの役割など、普遍的なことを話すようにしています。

この本を通して伝えたいのも、駅伝の魅力そのものであり、専門家にしかわからないようなテクニックや細かなデータ、あるいは「昔はよかったなあ」的なノスタルジックな話ではありません。

**学生たちがどんな思いで駅伝に向き合い、また、たすきを未来へつなげようとしているのか、青学大としての取り組みだけではなく、駅伝の功罪を含めた〝本質〟にズバリ斬り込みたい**と思っています。

手前味噌ですが、本書を手に取り、読んだ前と後とでは、箱根駅伝の見え方がずいぶんと変わるのではないでしょうか。

箱根駅伝はいまや、視聴率が毎年30％前後を記録する大人気のスポーツコンテンツです。ここまで多くの日本人がいっせいに見る番組は、サッカーワールドカップの日本代表戦や、野球のＷＢＣ（ワールド・ベースボール・クラシック）の決勝、あるいは大人気ドラマの感動の最終回、紅白歌合戦くらいのものでしょう。

サッカーも野球もそうですが、人気のあるスポーツには若くて才能のある人がどんどん集まり、選手層のすそ野も自《おの》ずと広がっていきます。実際、大谷翔平《おおたにしょうへい》選手や三笘薫《みとまかおる》選手など、世界各国のトップリーグで大活躍する日本人プレーヤーの姿を見て、野球やサッカーに憧れる子どもたちは多いのです。

一方で、**走るということ、ランニングに関して言うと、日本の市民ランナーの数も着実に増えており、２０２０年のジョギング・ランニング人口は、なんと推計で１０５５万人**（『中日新聞』２０２１年11月19日）に達したそうです。つまり、日本人の10人に１人が日常的に走っている計算になります。

このように駅伝は大人気コンテンツで、市民ランナーの数も増えているにもかかわらず、その延長線上にあるマラソン、陸上の長距離種目は昔に比べて明らかに世界から後れを取っている。私はここに危機感をおぼえるのです。

なぜ、日本のマラソンは弱くなったのか。

いま、世界のマラソン界を席巻しているケニア、エチオピアなどのアフリカ勢が強いのは認めます。それでも、世界記録と日本記録との差がどんどんと開いていく一方なのは、おかしいのではないでしょうか。

日本のマラソンの世界的な地位は凋落《ちょうらく》し、まるで〝逆走〟を起こしているかのようにも思えてしまう。その原因はさまざまありますが、理由のひとつとしてしばしば挙げられるのが「駅伝が日本のマラソンを弱くした」というものです。

私は、この意見に明確に反対の異を唱えます。

ご存じの通り、私は青山学院大学体育会陸上競技部・長距離ブロック（以下、長すぎるので基本はチームとします）の監督を務めています。

着任したのが２００４年４月ですから、**初めて箱根駅伝にチャレンジしてから20年近く**

**の月日が経った**わけです。

その間、ずっと駅伝、そしてマラソンの現場を生で見て、どうすればもっと日本人ランナーが強くなれるのかを考えてきました。

これから本書で詳しく述べていきますが、私は**「駅伝こそが日本の長距離を強くするための本丸である」**と考えています。日本の陸上界はもっと変われるし、駅伝だってさらに魅力的なコンテンツにできる。ただし、そのためにはいくつかクリアしなければならない〝山〟があるのです。

その山とは、陸上界に特有でありながら、同時に日本の社会の至るところで見られる〝歪み〟と言ってもよいのかもしれません。

何が陸上界にとっての障壁で、どうすればこの業界がもっとよくなるのか。それを私なりの言葉で精一杯伝えたいと思います。

たまに思ったことをX（旧ツイッター）でつぶやいたりもしますが、私のなかにはマグマのようにたまっている怒りがある。その対象が何であるのかを、これから明らかにしていきましょう。

幸か不幸か、私のつぶやきは世の中でバズるんです。何かをつぶやくとすぐにヤフーニュースに転載されて、賛否両論を巻き込んでの議論になる。私は議論するのが大好きなので、この状況をむしろ歓迎します。

この本で話す一つひとつの「私見」が、ぜひ皆さんのあいだでバズりますように。そして願わくば、走ることや陸上競技によりいっそうの関心を持っていただけますように。

まずは日本長距離強化の一丁目一番地である、駅伝について語っていきましょう。

２０２３年10月

青山学院大学陸上部監督　原晋

# 最前線からの箱根駅伝論　もくじ

はじめに……3

## 第1章　箱根駅伝は「国の宝」である

## 第2章 箱根駅伝に出る選手をどのように育てているのか

## 第3章

# 私が箱根駅伝に執念を燃やすようになった原点

## 第4章 箱根駅伝をめぐる「闇」の真実

# 第1章

# 箱根駅伝は「国の宝」である

## もし箱根駅伝がなくなってしまったら

こんなにも駅伝は盛り上がっているのに、なぜ日本の長距離は弱くなったのか。こう疑問に思っている方も多くいることでしょう。

かつてはマラソン王国といわれ、1980年代には瀬古利彦《せことしひこ》さんや宗茂《そうしげる》・猛《たけし》兄弟ら、多くのランナーが世界の檜舞台《ひのきぶたい》で輝きを放ちました。ところが、2000年代に入ると徐々に世界との差が広がり始め、世界大会での男子のメダル獲得は2005年の世界陸上ヘルシンキ大会での尾方剛《おがたつよし》選手（銅メダル）まで、さかのぼらなければなりません。

代わりに台頭したのがケニア、エチオピア勢で、国際舞台での成績もタイムもアフリカ勢には大きく水をあけられました。将来を悲観するなかで、「駅伝が日本の長距離界をダメにした」などという意見も耳にするほどです。

ですが、私の意見はそれとは真逆です。**長距離を強化していくにあたっては、駅伝こそが軸になる**のです。いや、むしろ**駅伝を軸にして強化していかないと、日本の長距離界の未来はない**。そこまで断言できます。駅伝そのものがすたれてしまったら、長距離界の発

## 男子マラソン記録の変遷
## どんどん広がる世界との差

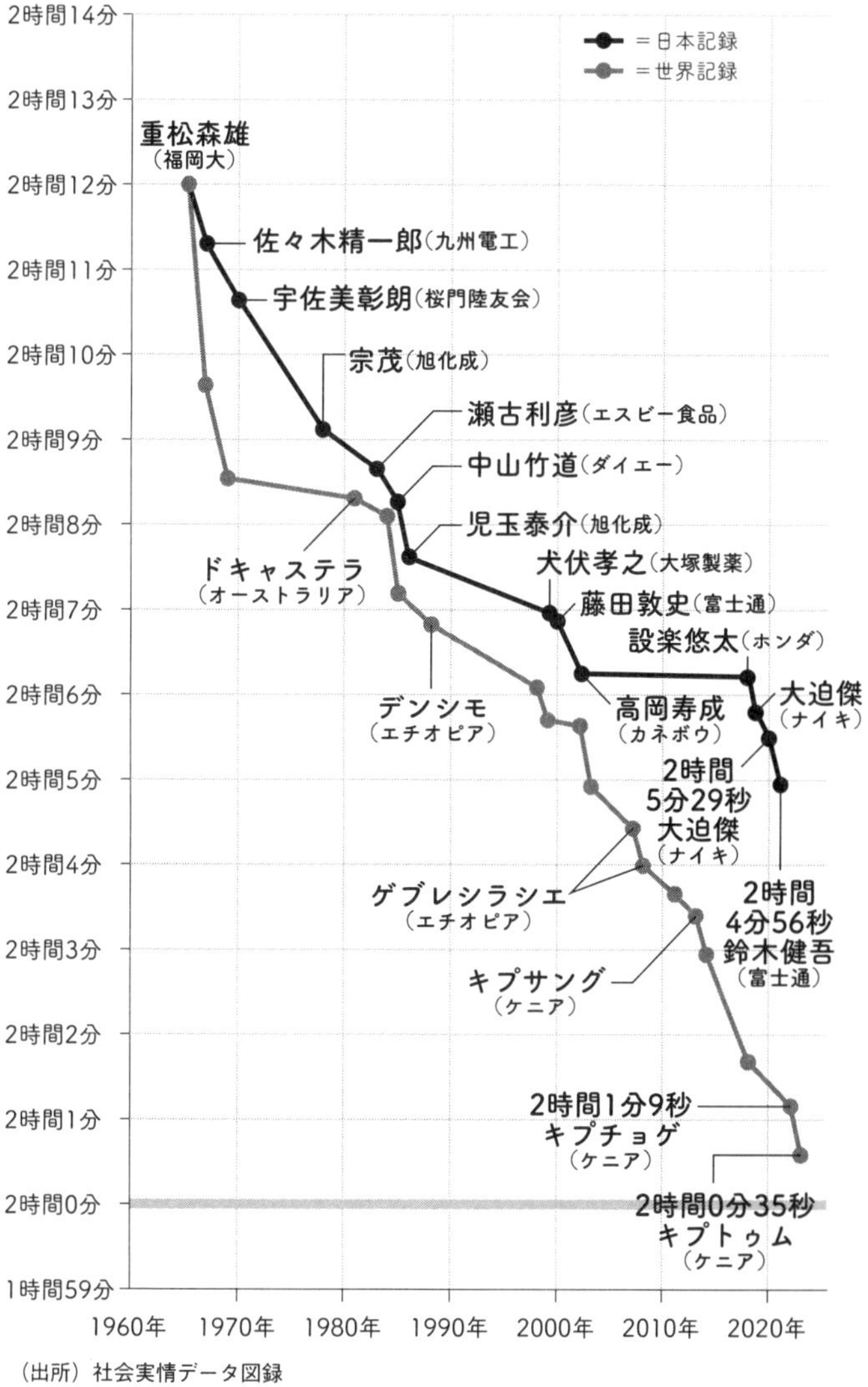
2時間14分
2時間13分
2時間12分
2時間11分
2時間10分
2時間9分
2時間8分
2時間7分
2時間6分
2時間5分
2時間4分
2時間3分
2時間2分
2時間1分
2時間0分
1時間59分
1960年
1970年
1980年
1990年
2000年
2010年
2020年
＝日本記録
＝世界記録
重松森雄（福岡大）
佐々木精一郎（九州電工）
宇佐美彰朗（桜門陸友会）
宗茂（旭化成）
瀬古利彦（エスビー食品）
中山竹道（ダイエー）
児玉泰介（旭化成）
犬伏孝之（大塚製薬）
藤田敦史（富士通）
設楽悠太（ホンダ）
大迫傑（ナイキ）
高岡寿成（カネボウ）
2時間5分29秒 大迫傑（ナイキ）
2時間4分56秒 鈴木健吾（富士通）
ドキャステラ（オーストラリア）
デンシモ（エチオピア）
ゲブレシラシエ（エチオピア）
キプサング（ケニア）
2時間1分9秒 キプチョゲ（ケニア）
2時間0分35秒 キプトゥム（ケニア）

（出所）社会実情データ図録

展などとうてい望めないのです。

それはなぜか。ひと言で言えば、箱根駅伝に代表される駅伝という競技が、国民に愛されているからです。前述したように、テレビ放送もお正月の2日間にわたって生中継が組まれ、平均で30%近い視聴率を叩き出す。

もちろん、そうであるからこそスポンサードとしての有益性が認められ、ゆえに実業団チームも数多く存在するのですね。いまの環境であれば、大学で長距離を頑張った学生たちが、卒業後も実業団へ進んで活躍できる。雇用の受け皿がちゃんと存在するということは、強化が継続されていくに等しいのです。

これはもう、**世界広しといえども日本だけの取り組み**です。だからこそ、駅伝というスポーツ文化をしっかり守って、強くしていくことが、長距離の強化には不可欠なのです。

そのためには、「えっ、これ以上?」と思う人もいるかもしれませんが、駅伝、とりわけ箱根駅伝をもっともっとエンターテインメント化して盛り上げていかなければなりません。詳しくは後の章で述べますが、これが方向性としては大事なんです。

そもそも「駅伝が日本の長距離をダメにした」と言いますが、よく考えてみてください。もし箱根駅伝がなくなったら、誰が長距離などという地味でつらいスポーツをやるでしょ

## 箱根駅伝挑戦以来の視聴率（%）

| 大会 | 視聴率 | | | | 優勝校 |
|---|---|---|---|---|---|
| 第81回（2005年1月2、3日） | 往路 | 23.7 | 復路 | 29.9 | 駒澤大学 |
| 第82回（2006年1月2、3日） | 往路 | 27.6 | 復路 | 29.1 | 亜細亜大学 |
| 第83回（2007年1月2、3日） | 往路 | 27.3 | 復路 | 28.5 | 順天堂大学 |
| 第84回（2008年1月2、3日） | 往路 | 25.4 | 復路 | 27.7 | 駒澤大学 |
| 第85回（2009年1月2、3日） | 往路 | 26.5 | 復路 | 27.5 | 東洋大学 |
| 第86回（2010年1月2、3日） | 往路 | 27.2 | 復路 | 27.9 | 東洋大学 |
| 第87回（2011年1月2、3日） | 往路 | 25.1 | 復路 | 29.5 | 早稲田大学 |
| 第88回（2012年1月2、3日） | 往路 | 27.9 | 復路 | 28.5 | 東洋大学 |
| 第89回（2013年1月2、3日） | 往路 | 29.1 | 復路 | 27.9 | 日本体育大学 |
| 第90回（2014年1月2、3日） | 往路 | 26.8 | 復路 | 27.0 | 東洋大学 |
| 第91回（2015年1月2、3日） | 往路 | 28.2 | 復路 | 28.3 | 青山学院大学 |
| 第92回（2016年1月2、3日） | 往路 | 28.0 | 復路 | 27.8 | 青山学院大学 |
| 第93回（2017年1月2、3日） | 往路 | 27.2 | 復路 | 28.4 | 青山学院大学 |
| 第94回（2018年1月2、3日） | 往路 | 29.4 | 復路 | 29.7 | 青山学院大学 |
| 第95回（2019年1月2、3日） | 往路 | 30.7 | 復路 | 32.1 | 東海大学 |
| 第96回（2020年1月2、3日） | 往路 | 27.5 | 復路 | 28.6 | 青山学院大学 |
| 第97回（2021年1月2、3日） | 往路 | 31.0 | 復路 | 33.7 | 駒澤大学 |
| 第98回（2022年1月2、3日） | 往路 | 26.2 | 復路 | 28.4 | 青山学院大学 |
| 第99回（2023年1月2、3日） | 往路 | 27.5 | 復路 | 29.6 | 駒澤大学 |

※ビデオリサーチ調べ、関東地区、番組平均世帯視聴率

うか。大学陸上部の長距離部員は間違いなく激減します。

こういった厳然とした事実を、指導者こそ考えなければなりません。指導者が学生たちを強く育てるのは当たり前のこと。それは当然のこととして、さらに競技以外のところでもっと何かできないか。そういうことを、もっと考えていくべきではないでしょうか。

駅伝人気にあやかりながら、駅伝という競技が長距離界を強くする軸である、という認識はまだまだ薄いように感じます。これが強化の一丁目一番地だと考えるならば、より多くの人の心をつかまなければならないのです。

## 原流箱根駅伝の楽しみ方

手始めに、私がもし一視聴者であるなら、どのようにして箱根駅伝を楽しむかと言うことについて話をしてみます。

そもそも論ですが、箱根駅伝をスタートからゴールまでテレビの前で見続けるという人は、いったいどれくらいいるのでしょうか。

レース部分だけでも、時間にすると6時間近く。ずっと見続けるには、たしかに少々長すぎだとは思います。ですが、**箱根駅伝はいわゆる「スポーツドラマ」**。ドラマを途中から見てもいまいち入り込めなかったり、ストーリー展開にモヤモヤを感じたりすることがあるでしょう。駅伝も同様で、やはり途中からではなく、スタートから見たほうが断然面白いと思います。

それも、**往路のスタート時刻である1月2日の8時ちょうどにテレビのスイッチをつけるのではなく、1時間前の7時にはスタンバイ**していただきたい。なぜなら、レース前の展望だったり、夏合宿の様子だったり、日本テレビがダイジェストでまとめた映像を見られるからです。それを頭に入れてから本番を見たほうが、レースそのものをよりいっそう楽しめることでしょう。

本来なら遊びたい盛りの大学生が、こんなにも一生懸命陸上に取り組み、仲間と絆《きずな》を深めながら、ようやく夢の舞台にたどり着いたんだなぁと、きっと感慨深く、彼らの気持ちに共感できるはずです。

選手個々の大学4年間におよぶ陸上競技生活には、当然のことながら悲劇もあれば喜劇もあります。涙なしには語れないようなドラマが、毎年のように起こるのです。〇〇大学が勝った、××選手が記録を塗り替えたというのも大事です。しかし、そうした単なるスポーツイベントとしてだけではなく、人間ドラマのほうにも注目してもらうと、より楽しめること間違いなしです。

実際、私のチームではないですが、2023年度の主将になった駒澤大学の鈴木《すずき》芽吹《めぶき》君は、非常にドラマチックな競技人生を歩んでいます。

1年生で箱根駅伝デビューし、いきなり山登りの5区を任され、駒澤大の13年振りの優勝に貢献した。ところが、2年生になると今度は故障に苦しみ、二度目の箱根駅伝では棄権寸前（8区区間18位）に追い込まれました。

鈴木君はしばらく表舞台から遠ざかり、私も「もう彼はダメかな」などと思っていたら、**3年生の駅伝シーズンに復活。出雲駅伝ではアンカーとして優勝のゴールテープを切った**のです。

「箱根からいろんな人にお世話になって、恩返ししたい。その一心で走りました」

彼の涙の優勝インタビューは、ライバルである私たちも感動しました。

今年（2023年）の出雲駅伝でも彼はアンカーでゴールテープを切りましたが、競っている私たちにとって、本当に怖い選手に育ったものです。

**駅伝とは、ただ走るのではなく、仲間とたすきをつなぐ。やはり、そこからにじみ出てくる人間ドラマが最大の魅力**です。現場でずっと見てきた私が言うのだから間違いありません。レース本番、自分の体ひとつで誰の助けも借りず、ただひたすら孤独に走る。でも、**たすきを通じて仲間の励ましが聞こえてくる**のです。

## 私が落選したメンバーを慰めない理由

もし箱根駅伝に興味を持たれたなら、**ひいきのチームを見つけて、1年間追いかけてみるのも面白い**と思います。

春先はこんなレースに出て、あまりパッとしない成績だった○○選手が、夏合宿を経て、秋になるとすごいタイムを叩き出した。そういうことがわかってくると、箱根駅伝に向けてのワクワク度も倍増するはずです。

実際、1年生のときから4年間、同じ選手を追いかけていくと、顔つきも体つきも大きく変わっていきます。**高校生上がりのあどけない青年だったのが、最上級生ともなると見**

**た目も変わって男らしくなる。走りを見ても、成長の跡が伝わってきます。**

陸上競技の特性として、評価の平等性が挙げられます。短距離、長距離のいずれにしても、誰しもが平等にタイムで評価され、順位づけが明確にされます。1年を通して頑張った選手が上に行き、ちょっとサボった選手は、やはりサボった分だけ下に行く。そういう、ある意味〝冷酷〟な一面があるわけです。

さらには、レースで走ると必ず順位づけされるだけでなく、それ以前に**チーム内の競争で敗れた者は、レースを走れないばかりか、裏で選手をサポートする側に回らなければなりません。**テレビカメラには映りませんが、彼ら一人ひとりにもかけがえのないドラマがあるのです。

よく「原さんは落選したメンバーのケアをどうしているんですか」と聞かれますが、それに対する私の答えは「ほとんどしません」。実際は、寮母でもある妻の美穂《みほ》や、コーチ陣がそうした学生たちのフォローをしてくれます。しかしながら私は、あえてそういう慰めの言葉はかけないのです。

なぜなら、**日頃から部員全員を平等に扱っているから**なんですね。

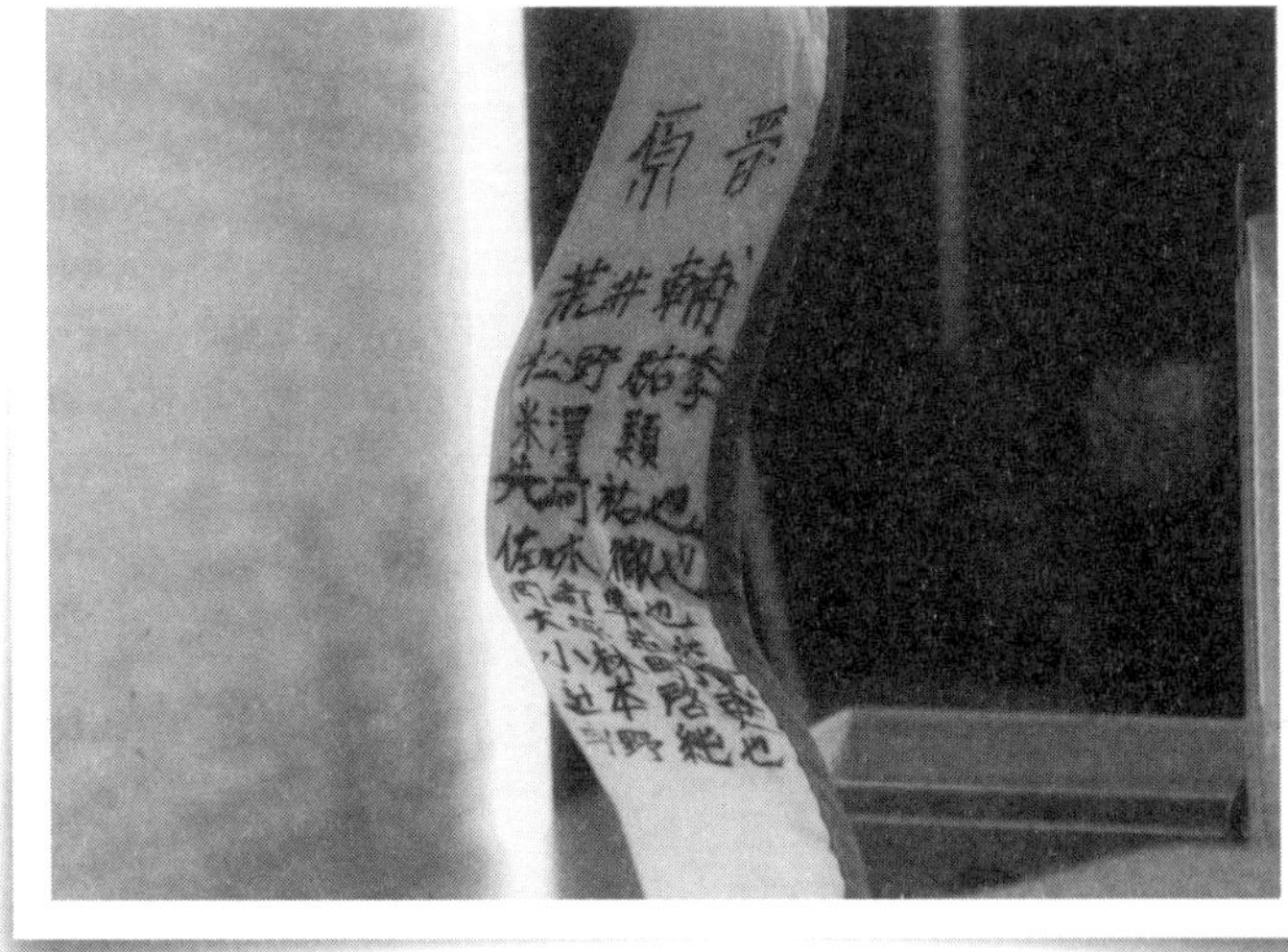

2009年、第85回大会でついに箱根駅伝初出場を果たしたときのたすき。
1区から10区までのメンバー名が順番に並んでいます。

いま、部員が48名いますが、箱根駅伝はそのうちたった10名しか出場できません。これはもう現実として受け入れないといけないわけです。

だから、ことあるごとにミーティングでこう言います。

「オレは好き嫌いでメンバーを選ぶことはしない。日頃の行動やトレーニング、選考結果などを平等に見て、それで選手選考を行うからな」と。

これがスポーツの厳しいところです。

落選したからといってダメな選手、サボっていたヤツではないのです。ただ、レースに向けて、選手一人ひとりの成績、練習内容、普段の態度などを平等に見た結果としてこうなっただけ。ですから、**選考を終えた時点ですでに説明は済んだことになるので、レースに出られなかった人間に、かわいそうという気持ちから声をかけることはない**のです。

## タイム以外に表れる選手の真の実力

よく、「監督は、箱根駅伝に起用する選手をどう決めているのですか?」という質問を受けます。**データがすべて、と言い切ってしまえば悩む必要などありませんが、もちろん**

**そんな単純な話ではありません。**

われわれのチームでは、よく５０００ｍのタイムトライアル（選考レース）をします。ところが、そのタイムだけで判断すると、本番でおかしなことになることが往々にしてあるのです。

たとえば、ゴールした瞬間にまったく余力が残っていない選手と、まだ余力が残っていて、もし距離が５４００ｍだったら逆転していただろうなと思える選手がいたとします。タイム差がわずかであれば、私は迷うことなく後者を選ぶでしょう。

箱根駅伝はひと区間の距離が20㎞以上ですから、５０００ｍのタイムトライアルでも、それ以降の15㎞でどういうふうに体が動いていくかを見極めなければなりません。ペーパーで出てきたタイムだけではなくて、**選手の表情や仕草、ゴール後の余裕度まで、よく目をこらして見ておく必要がある**のです。

またレース展開でも、ずっと先頭を引っ張っていて最後に抜かれたのか、あるいはずっと後方で風よけをしていて、最後だけ前に出て勝ったのか。こういう〝選手の走る姿勢〟も大事な要素です。

なぜなら、先頭でレースを引っ張れる選手は本来強いのです。自らレースを支配しようという意思があるわけですから、そこをちゃんと見ておかなければなりません。たとえ負けたとしても、はたして内容はどうだったのか。速さと強さの概念は、見た目で一致しないことがよくあります。

ただし、その選手がケガによる故障、あるいはインフルエンザなどの病気による体調不良、そういった理由で調子が上がらない場合は、もちろん見方も変わります。本人の努力と回復を待っているだけで調子が上向いてくる状態ではないのですから、そういうときはきっぱりと諦めざるを得ません。

なぜなら、箱根をはじめとする大きな駅伝レースは、それほど甘いものではないからです。ちょっとでも不安があれば、それが必ずレースで顕在化してしまう。私も何度となく、そのことで痛い目にあってきました。ですから、**「万が一、本番では大化けしてくれるかも」と間違った確率論にすがってしまうと、結果は惨憺《さんたん》たるものになってしまいます。**甘く見たツケが、自分たちに返ってきてしまうのです。

## 箱根駅伝選手選考の基本パターン

| | |
|---|---|
| 基礎点 | ● 5000m、1万m、ハーフマラソンのベスト記録<br>● 関東インカレ、3大駅伝の戦績 |
| 夏合宿消化率 | ● 第1次強化合宿消化率<br>● 第2次強化合宿消化率<br>● 第3次強化合宿消化率 |
| 直前の状態 | ● 世田谷ハーフマラソンの戦績<br>● 関東学連1万mの戦績<br>● 12月初旬強化合宿消化率<br>● 大会直前の体調 |
| 区間エントリー発表 | ● 12月29日、1～10区までの出場選手10名と補欠選手6名を発表 |

## スランプの原因の見抜き方

難しいのは、選手がスランプに陥っているとき。この場合は、何が原因なのかをきちんと突き止めなくてはなりません。もちろん、そうした選手の起用を確率論と直感に頼るのは危険です。

体に異変が起きているのか。その場合、目に見える鼻水や、測ってわかる熱などであればわかりやすいですが、症状に出ない病気もあります。

あるいは、過度なプレッシャーを感じて行き詰まっているのか。何だかよくわからないけど体がだるい。どうも、テンションが上がってこないといったふうに、精神面が原因でスランプに陥ることも当然あります。

こういうときに頼るのが、普段のコミュニケーションです。このあとに紹介するように、他大学の監督のなかには普段の生活には無関心という人もいますが、私は**練習以外の生活態度、選手の個性をしっかりと見るようにしています。**

**そうすることにより、体の表面には表れない、いつもの様子との違いを見抜けるように**

**なるのです。これも監督の大事な役割のひとつ**だと思います。

そのうえで、いつもとは様子が違うけれども、それがなぜなのかよくわからない、となったら、血液検査などを行うのもひとつの手です。いまは検査をすることにより、内臓から来る疲労や、筋損傷の状態など、さまざまな体の変調がわかります。こうしたデータはウソをつきませんから、積極的に活用すべきでしょう。

ただし、**万策尽くしてもなお走れない、いわゆる〝イップス〟のようなケースもあるので、選手の力を見極めるのは本当に難しい**と言わざるを得ません。練習ではそこそこ走れていても、試合になると走れない。試合で実力が発揮できない選手は、意外と多くいるのです。何回かチャレンジさせて、私も粘り腰で指導していきますが、それでもうまくいかない場合もやはりある。試合がある種、究極の練習だと思っていますから、そこで力を発揮できないと、正直メンバーに選ぶのは厳しいと言わざるを得ません。

ところが、これとはまた逆のケースもあるので、選考とは本当に一筋縄ではいきません。たとえば練習ではいつも50％くらいしか力が出ないのに、試合になると120％の能力を発揮する選手もいます。これがスポーツの面白さなのかもしれませんが、**私たち指導者は、こうした不確実性のなかから真実を読もうとしなければならないので、つねに頭を悩ませ**

**ている**のです。

タイムや体力的なデータだけではなく、普段の何気ないコミュニケーションから選手の変化を知り、メディカルチェックの結果など、さまざまな要素を比較検討して、多角的な視点から選手を選考する。

**監督の〝目〟に求められる要素は非常に複雑**なのです。

## 栗山英樹監督と話して確信したこと

ところで、世の中にはプロ野球や高校野球、あるいはJリーグのクラブなど、さまざまなスポーツチームがあります。そうした組織のトップに立つ監督とは、いったいどういう職種なのでしょうか。

この夏、WBC（ワールド・ベースボール・クラシック）で日本代表監督を務めた、栗山《くりやま》英樹《ひでき》監督と対談をする機会がありました。

話をしてみて**栗山監督は、これぞ「サーバント型」のリーダー**だと思いました。聞き慣れない言葉かもしれませんが、サーバントとは「召使い」「奉仕者」という意味。つまりサーバント型とは、これまでの指導法の理想とされてきた、自らが先頭に立って部下を引っ張る「支配型」のリーダーシップではなく、部下のモチベーションを高めて、彼らの主導でチームが成果を残せるように仕向けるタイプのことです。

とりわけ、野球の代表チームの場合、だいたい監督の名前が先について「〇〇ジャパン」と呼ばれるのが常でした。「長嶋ジャパン」とか「星野ジャパン」というような感じで。これこそは、まさに「支配型」リーダーが君臨していた証しでしょう。

お気づきかもしれませんが、**今回は日本代表が「栗山ジャパン」とは言われませんでした。その代わりに何と呼ばれていたか。「侍ジャパン」**です。

これはつまり、主役は「侍」である選手たちであり、監督ではないと言うことを示しています。試合中の栗山監督の振る舞いを見ても、選手がいかに輝けるかという点でマネージメントをしていて、そこに強く共感しました。

対談のなかで、私がとくに聞きたかったのは、どうして最後まで村上宗隆《むらかみむねたか》選手（ヤクルトスワローズ）のことを信じて、主軸で起用し続けたのかということです。

象徴的だったのは、準決勝のメキシコ戦です。1点を追う9回に5番バッターの村上選手に打席が回ったときのこと。彼はそれまで不振で、その試合でも3三振を喫していました。4対5で相手に1点リードされており、代打を送られても仕方がない場面です。しかし、栗山監督はここでも彼を最後まで信じました。

結果はご存じの通り、村上選手がツーベースヒットを打ち、2人が本塁に返って6対5で侍ジャパンがサヨナラ勝ちをしました。私が共感したのは、主軸である選手を信頼する栗山監督の姿勢です。

**こういったシーンで監督が重視するのは、じつは直感と確率論**なのです。直感というと運に任せたのかと思いがちですが、そうではありません。**あくまで確率論をベースにした、監督の経験値と言い換えられる**でしょうか。

村上選手の例を挙げれば、いくら大会中の成績が悪くても、確率が0%ということはあり得ません。ましてや彼は、前のシーズンに打率、ホームラン、打点の3冠王に輝いた強打者です。そんな彼が故障しているわけでもなく、ただ調子を崩しているだけなら、あとはどこできっかけをつかんで打つかだけなのです。

しかも、**本当にいい選手はここぞという場面で必ず力を発揮する。**監督も村上選手の力量を信じていたわけです。

村上選手は3割バッターで、かつ3冠王を取るという、これ以上ないくらい高いパフォーマンス能力があります。必ずその真価を発揮する機会が来ると、監督は信じた。その胆力と確率論が、あのシビれる場面を生んだのだと思います。

## 箱根駅伝4日前の一大決断

これは、じつは駅伝にも当てはまることで、〝ただ速いだけの選手〟と〝強い選手〟のあいだには、決定的な違いがあります。

**私たち指導者が見るのは、その時々の速さではなく、選手が持っている〝絶対値〟**です。もし、この選手が100%の力を発揮したら、どれくらいのレベルで走るのか。また、その100%の力をどのタイミングで出せるのか。10回に1回なのか、それとも3回に1回程度は出してくれるのか。

そこを見極めるのが、監督に求められる大きな手腕のひとつなのです。

侍ジャパンと比較するのはおこがましいかもしれませんが、私たちのチームにも似たようなことがありました。

2016年に開催された第92回箱根駅伝でのことです。前年度に青学大は初めて箱根駅伝を優勝し、この大会では連覇が期待されていました。

ところが、大会直前に4年生の久保田和真《くぼたかずま》がコンディションを崩して、「走れない」と言ってきたのです。彼はチームのエース格。「3代目山の神」と呼ばれた神野大地《かみのだいち》と並ぶこの大会のキーマンでした。そこで私が行ったのが、彼が持つ絶対能力と他の選手との比較です。

彼が100の力を出せば当然、他の選手よりも速い。では、彼が80のときと控えの選手が100のときと比べると、どちらが上なのか。もちろん、調子を崩したまま走れるほど箱根駅伝は甘くありませんから、当日までにキチッと走れる状態になるのかどうか。そこも慎重に判断しなければなりません。

暮れも差し迫った12月29日、箱根駅伝の区間エントリーをする日でした。朝練を見たら、前日までとは打って変わって久保田の動きがよくなっていたのです。そうなると、あとはもう指導者である私の五感と確率論が頼りです。朝のまだ体が起き上がっていない状態を見て、どう判断するか。そして、私はこう決めました。

彼の体から湧き出てくるようなパワーを感じて、「よし行くぞ!」と。

そこから30日、31日、1月1日とさらに調子を上げて、2日の往路1区を走る頃には絶好調になっていました。

結果、久保田は1区で2位に21秒差をつける会心の走り。この区間賞でチームも波に乗り、往路、復路をともに勝って39年ぶりとなる完全優勝を果たしました。

あの大会で**久保田は最優秀選手に贈られる「金栗《かなくり》四三《しぞう》杯」**を受賞しましたが、**彼が復調しない、あるいは私が彼の復調を見抜けなかったらどうなっていたか。わずか4日前までは、そんなふうにヒヤヒヤしていた**のです。

これは、監督の仕事のごく一端にすぎません。満面の笑みを浮かべて自信満々の発言をする私の姿しか見たことない方も多いかもしれませんが、レースの数日前、皆さんが冬休みをどう過ごそうかと考えているとき、私も胃の痛む思いでチームの戦略をギリギリまで考えているのです。

## 普段の生活態度と「走りの強さ」の相関関係

先にも少し触れたように、選手選考の基準は走る姿勢、タイムだけではありません。たとえば、**寮での暮らしにおける生活態度なども判断材料のひとつ**です。

態度といっても、そのよし悪しで判断するわけではありません。むしろ**普段のちょっとした雑用でも何でも、最後まできちんとやり通す選手が、やはり走りにおいてもその力を遺憾なく発揮する傾向が強い**のです。

逆もまたしかりで、普段から凡ミスが多い学生は、試合になっても何かポカをやらかす。生活態度と走る能力にはある種の相関関係があるのですね。

私たちのチームでは、目標管理ミーティングというものを周期的に行っています。

具体的には、学年の違い、あるいはレギュラー、控え選手、故障者もすべてひっくるめて5〜6人で1グループをつくり、メンバーそれぞれが目標達成のための練習計画を作成。その内容についてグループで話し合い、その計画を達成可能な方向へとブラッシュアップしていくというものです。

すでに監督の私がいなくても、選手が主導でできるようになっていて、これが青学大の強みのひとつになっています。

私は彼らに、どんなに小さなレースでも目標タイムを設定させています。**1カ月ごとの目標や、その週の目標、レースが控えているのであれば目標タイムをA4用紙に書き込み、**

**寮の廊下に張り出させる**のです。それを選手たちがグループミーティングを開いて、進捗状況などをそれぞれ話し合うという仕組みです。

**ここに書いた目標タイムと、実際のレースのタイムが、ほぼ誤差なく走ってくる選手がいます。じつは、そうした選手こそが、大きなレースでも額面通りのタイムで戻ってくる**のです。

長距離種目は不思議なもので、エネルギーが切れた瞬間に電池が切れるみたいに動けなくなる選手もいれば、余熱を蓄えていて最後まで粘り強く走りきれる選手もいる。そういう数字に表れないところは、現場で見るしかありません。ですから、指導者は現場にいないとダメ、とよく言われるのですね。

難しいのは、選手も人間ですから、つねに100ある能力を100は出せない。場合によっては80くらいしか出ないこともあるんです。そういうときに、前述の確率論を重視します。その選手の能力が80～100までなのか、あるいは調子がいいと120が出るのか。

では、その120が出る確率は10%なのか、それとも40%ほどあるのか。能力は90しかないけど、毎回必ず85～90で走る選手がいたら、どちらの選手を使うかは、はっきり言ってかなり迷います。

そうなると今度はチームの戦力次第です。チーム全体のバランスを見て、**バクチをせずとも安定してたすきをつないで勝てるなら、能力90の選手を選ぶ**でしょう。逆に100の能力を出してもらわなければ勝つのは難しいとなれば、多少の安定感は欠いても能力100の選手を選びます。

そうしたところも、普段の生活と練習、双方を見ていないと、なかなか正しく見抜くことはできないのです。

## 4年間、雌伏していた選手を選んだワケ

普段の練習から、「選手の走る姿勢」を注意深く見ているという話をしました。

たとえば、序盤から前で勝負している選手は、前半の往路要員というふうに考えたりもします。つねに前で勝負して、多少オーバーペース気味に突っ込んでも、後半後ろに下がらずに踏ん張れる。そういう練習ができている選手は、とくに往路で使いたいなという気にさせられます。

同じ練習をしても、前で勝負できる選手と、後ろのほうの集団にいる選手でタイプは分

かれます。たとえ後ろにいても、ジワジワと順位を上げられる選手、コツコツ練習をやって崩れない選手は復路候補と言えるでしょう。

復路は全体がばらけて、単独で走るケースが増えますから、練習量が豊富で、確実にたすきを前に運んでくれる選手を選ぶことになります。

それこそかつては「復路の9区で逆転！」とか、「最後に駒を残しておいたのが勝った要因！」というようなレースがありましたが、いまはよほどのアクシデントでもない限り、復路の大逆転は難しいでしょう。**駅伝は何より流れが大切で、往路から前の集団で競り合っていなければならない**のです。もうひとつ付け加えるならば、**往路でも復路でも、戦う姿勢を持った選手でなければ戦国駅伝のメンバーは務まりません**。

よく、取材に来た記者から聞かれるのが、「夏合宿で化ける選手はいましたか？」という質問です。

夏合宿は選手が集中して練習に打ち込めるので、そこで思わぬ成長を遂げる選手もいます。しかしながら、**「化ける」ということは、夏合宿に限らず、普段から練習がよく積めているということ**。まずは故障しないことが前提になりますし、どんな練習でもきちんと準備をして、つねに高いレベルでトレーニングできている子が化けることの条件になってきます。

思い出すのが、吉田祐也《よしだゆうや》という選手です。

彼は4年生のときに、ようやく箱根駅伝のメンバーに入った苦労人。それまでもエントリーメンバーの16人のなかには入ってきたのですが、そこから一歩先に抜け出すことができませんでした。しかし、最終学年で初めて挑んだ箱根駅伝で、吉田は4区区間賞を獲得しました。攻めの姿勢で、華々しい活躍を最後に見せてくれましたが、その活躍の裏には4年間の徹底した地道なトレーニングがあったのです。

**急に化けたのではなく、1年生の頃からずっと継続して練習ができていたからこそ、本人も自信をつけた**のでしょう。4年生の夏合宿、誰よりも長い距離を走り込み、本人の表情が変わっていった。各自でジョグ（調整や強化のために、各々のペースで走り込むこと）をやらせても、彼は平気で30㎞もの距離を走りにいくのです。さすがに私も「そんなにやらんでいいよ」と心配したほどですが、すでに**4年間の練習で自己管理能力を身につけていた**のでしょう。

確かな成長を感じて、私も満を持して吉田を箱根駅伝に送り出しました。そうした背景があったからこそ、あの快走が実現できたんですね。

## 「休むこと」を頑張るのも大事

選手の走るスピードは昔に比べて、確実に上がりました。では、メンタルはと言えば、スピードの進化に追いついていないと思います。吉田のようにケガのリスクを恐れず、誰もが距離を踏めるわけではないのです。

いまは少子化で、親から大事に育てられた子が多いのでしょう。とにかく安全に、あまり冒険をさせず、失敗をさせないように育てられてきたのか、昔と比べてチャレンジ精神を持った選手が少なくなったようにも思えます。

**「これをやれ」と言うと、きっちりその距離を走るのですが、そこからさらに自分で練習の質と量をアレンジして、16km走るところを20km走って終わるとか、そういう自主的なチャレンジができる学生が少なくなっている**のです。

ただ、これがまた指導者のジレンマで、しつこくやらせようとするとそれもよくありません。あくまでも走るのは選手ですから、自分の体と相談して、自分で判断しなければならないのです。選手個々の体調やコンディションを、たとえ監督であっても他人が判断すると、どうしても故障のリスクが高まるのです。

選手の足は非常に繊細です。足のどちらかが痛み出せば、本能的にかばいますから、筋肉のつき方が変わってアンバランスが生じてくる。それをそのままにしておくと最後にはバランスが崩れて、思うようなフォームで走れなくなってしまうのです。

車でいえば、タイヤの空気圧が左右バランスよく入っていないと、最後にはボディに影響が出て車が痛み出す。そうなると当然、車自体の故障の恐れが高まる。たとえるなら、これと似たようなものでしょうか。

ですから、**故障のときに何を頑張るべきか。それは休むことなんです。負荷をかけるべきときは負荷をかけ、休むときは休む。これが練習の鉄則**です。

練習を消化しないと能力は伸びないけれど、壊れてしまったら元も子もなくなる。練習を積むのは大事な試合で最高のパフォーマンスを発揮するためであって、練習のための練習では強くなれません。

かといって、毎回限界まで追い込むような練習をするのも現実的ではない。合宿の最終盤にでもなれば多少の攻める姿勢は必要ですが、練習全体を通してまとめていくように指導していくのが、監督の大事な仕事なのです。

## エースになるための「必要条件」と「絶対条件」

では、いったいどういう選手が強くなるのか。

これもよく聞かれるのですが、答えるのが非常に難しい質問です。

やはり前提としては、故障をしない選手です。「無事これ名馬」とはよく言ったもので、ケガをしない選手はそれだけで強い。それに関連して体が強いこと。このふたつの要素は、大学で指導してもなかなか教えられないんですね。今日明日できるものではなくて、体が丈夫な選手はご両親に感謝しないといけません。

むしろ細胞レベルの話ですから、これまでにどんな食生活をしてきたかが大切で、ご家庭できちんと栄養バランスのいい食事をしてきた学生は、やはり自然とよい筋肉がついています。逆に、幼少期の栄養状態が悪い、食事のバランスが偏っていたりするとなると、どうしても体が弱くなる傾向にあります。貧血にもなりやすいですし、体調を崩して練習を積めない。だからまず、健康で丈夫な体がベースとして大事なのです。

そのうえで、**私が重視しているのが理解力**です。

意外でしょうか？

これがわりと大切で、指導者が言わんとするところをさっと汲みとって、こと細かに説明しなくても本質的なところを理解できる。一を聞いて十を知るとでも言うのか、いわゆる〝地頭のよさ〟が備わっている選手は間違いなく伸びます。

ですから私は、スカウトの際にまず、練習が積める子かどうかを高校の指導者に確認します。練習が積める子は、イコール故障が少ないはずですから、〝いいＤＮＡ〟を持っていると思うんです。**身体的な特徴としては、顔が小さくて、胸板の厚い子。で、背はあまり高くなくて、足が長くない子が理想**です。

これも、足が長いほうが速く走れると思われがちですが、じつは意外にそうではないのです。足だけ長いのはアンバランスで、うまく自分の足をさばくことができないのです。加えて、背がひょろっとして筋力のない子は風の抵抗にも負けてしまいます。そうしたタイプよりは、ちょっと胸板が厚いくらいのほうが前への推進力があるので、長距離の選手としては有望だと言えるでしょう。

また青学大では選手自らが考え、積極的に話すことが大事だと教えているので、他人とコミュニケーションを取るのが苦手な子はうちに来るとちょっと苦労するかもしれません。こちらから質問したときに、「ハイ」としか答えられない子ではなく、質問の意図を理解して、自然な会話が成り立つ子。そんな選手に、私は惹かれます。

ただ、本音を言えば、私にもどんな選手がエース級に育つのか、これと言った正解は持っていないというのが実情です。

たとえば**２０２３年春に卒業した、２枚エースの近藤《こんどう》幸《こう》太郎《たろう》と岸本《きしもと》大紀《ひろのり》も、はなから光るものがあったわけではありませんでした。**

彼らはどちらも入学してから成長していった選手たち。とくに岸本は1年生のときにはほぼ故障なく過ごして、フルに練習を消化して、それで1年目から箱根駅伝で大活躍をしてくれました。その反面、そこからの3年間は逆に故障で苦しんだので、改めて健康であることの大切さを彼も私も学び取ることができたのです。

近藤もやはり、故障をしない選手でした。素直な性格で、練習に意欲的に取り組み、食事面ではファーストフードを食べるのを我慢して、つねに体のケアにも気を遣《つか》っていました。だからこそ、レースに出場するたびに速くなっていったのです。大きな故障なく4年間を過ごせたのは、私ではなく親に感謝。よくぞ育ててくれたと言いたいです。

ふたりを例に挙げましたが、どちらも最初からフォームがきれいで、バネがあったわけではありませんでした。入学当初から持ちタイムもそれほどよかったわけでもなく、何が正解だったのか、正直、答えはいまだにわかりません。しかし正解がないからこそ、指導の面白さは尽きないとも言えます。

このように、**選手の成長を見極めるのは難しいのですが、地頭のよさは話してみればすぐにわかります**。

青学の選手は話し上手な子が多いという評価をいただきます。私からすると、それは非常に喜ばしいことです。この20年間つねに変わらず、「話をすることはよいことだ」「提案することはよいことだ」と、選手たちにずっと言い続けてきましたから。

お互いに意見を出し合って、何が正しいかを判断する思考を身につけよう。そう指導してきたからこそ、学生は自分の言葉を持つことができるのではないでしょうか。1から10まで指導者が面倒を見て、上意下達《じょういかたつ》でやるのは私が好きではないですし、そのような指導からは会話の面白い学生は育たないでしょう。

## 「フィードフォワード」で前向きな物語をつくる

いまのチーム運営は、「フィードフォワード」が基本です。

「フィードバックは聞いたことがあるけど、フィードフォワードなんて聞いたことないな」という方が、ほとんどかもしれません。

それもそのはずで、これまでは選手の改善点を指導者が見つけて、その反省を促すという「フィードバック」が当たり前でした。しかし、それは反省会のようで、あまり前向きではありません。

それよりも、**「こうしてみたら」「こんな方法もあるよ」と、指導者のほうからヒントになりそうな言葉を投げかける。それに対して、選手も過去を振り返るのではなく、未来志向で前向きな物語をつくっていく。これがフィードフォワード**なのです。

フィードフォワードの実践は、普段の寮生活から見られます。陸上部の寮の廊下には、選手それぞれが目標を書いて、それを紙にして張り出しています。その目標が達成できたかどうかを、みんなの前で発表する。自ずと、プレゼンテーション能力が磨かれ、4年生ともなればかなり話がうまくなる。そこでは私が何も言わなくても、選手同士でいろいろなアドバイスが飛び交います。

当然、できなかったことの振り返りも行いますが、それは決して「反省」ではありません。**「これがよくなかった」「あれがダメだった」ではなく、「今度は、もっとこうやっていこう」と、あくまで前向きに考えることを促すからです。これを続けていると、考え方が自然とポジティブになっていく**のです。

ですから逆に、自分で物事を考えるのが苦手な子は、こちらも無理にスカウトには誘いません。うちのチームでは、知識は与えられるものではなくて、自ら学びにいくもの。そういう思考フレームを4年間かけてつくりあげていくのです。

ところが、そうやって前向きな思考フレームを身につけたものの、青学大を卒業し、いざ実業団に進んでみると、がっかりする選手もいます。

監督に意見をしたら「生意気だ！」と言われ、何かを提言すれば「1、2年目の選手が偉そうなことを言うな！」と叱られる。私からすれば、「どっちが偉そうなんだ？」という話ですが……。

いまだに選手は監督のおもちゃだと思い込み、「フィードフォワード」という言葉すら知らない指導者が、実業団には多いのでしょう。

## 原メソッドという「箱根駅伝で勝つための方策」

こうした考え方、指導法を私は「原（青学）メソッド」と呼んでいます。メソッドとは、いわゆる設計図のようなもの。ですから**「原メソッド」を簡潔に表せば、私が20年かけてたどり着いた「箱根駅伝で勝つための方策」**となります。

これまでの運動部の監督といえば、スポーツしか教えてきませんでした。チームが勝つことにしか興味がなく、人間としての成長を促してこなかった。

ところが、私の興味はそこにはまったくないのです。言ってしまえば、従来の監督像はヘッドコーチに近い。野球なら野球を教え、戦術を叩き込む。でも、**私は監督であり、陸上も教えますが、それよりなによりもチームのマネージメントを一番重視しているの**です。

これまで強い選手を育てて勝ったチームはあります。しかしながら、チーム全体の力を押し上げて、組織で勝つというやり方をしたのは、私たちが初めてだったのではないでしょうか。組織を鍛え、鍛えた組織をマネージメントし、勝てる仕組みをつくった。それが形になったのが「原メソッド」なのです。

じつはこのメソッドを授けてくれたのは、これまでの教え子たちです。チームが箱根駅伝を連覇するようになってから、選手の練習消化率を数値化し、データとして収集することで、選手のパフォーマンスを予測することが可能になりました。

２０１８年に青学大は箱根駅伝で4連覇を達成しますが、その頃にはもうメソッドは完成の域に入っていました。なにせ、優勝タイムが過去最速で、私たちが２０１５年に初めて10時間50分の壁を越えて10時間49分27秒で走破したのです。のちに45分の壁も破り、金字塔と言われる記録を出すのですが、この時点で**私たち青学大が箱根駅伝史上もっとも速いチームになっていました。**

さらには**史上6校目となる4連覇以上を達成したことで、ライバルの動向を気にする心配がなくなった**のです。

なぜなら、自分たちの記録を超えることにフォーカスすればよく、連覇中のチームのデータと現在のチームを比べれば、自ずと足りないところや優位な点が見えてくるからです。

メソッドについては、ある程度文章化して、体系化したものをつくっていますから、選手たちはその練習スケジュールに沿って順調に強化していけば、箱根で優勝できるレベルまで必ず到達できるはずなのです。

たとえば夏合宿でも、毎年データをきちんと取って、過去の数字を学生たちに見せて説明できるようにしています。私が**ただ「頑張れ」と言うよりも、「これまでに箱根駅伝のメンバーに選ばれてきた9割の選手が、この夏合宿での練習消化率が70%に達している」と説明したほうが、学生たちも納得します。**

「だから、この合宿は大切なんだよ」「体調を崩しちゃいけないよ」と、こちらも自信を持って説明ができるのです。「夏合宿では質よりも量を追い求めなさい」ということも、何もデータがなければ、旧来の体育会系の無意味なハードトレーニングと同じです。しかし、データがあれば、どういう理由で話しているかをきちんと伝えられるんですね。

このデータから言えることですが、練習に100%の消化率を求める必要もなくなるのです。もちろん理想としては100ですが、人間は機械ではありませんから、個々の能力や体力に合わせてベストな数字が変わってきます。

それよりも**70%を意識させ、可能な限り練習を積ませる。あまりにも100を意識させて、故障して0になってしまったら元も子もありません**から。やはり、指導者が練習中の選手の表情を読み取り、うまくさじ加減を取って、それぞれの満点に導くべきなんです。

そのためのベースとなるのが「原メソッド」なのです。

## 「ピーク」と合わせ鏡の関係にある「気の緩み」

では、勝てるメソッドがあるなら、どうして2023年の第99回箱根駅伝で3位に敗れたのか。皆さんがおっしゃりたいことはわかります。

ですが、私に言わせれば、それこそが勝負の難しさでもあるのです。

昨年度のことを言えば、夏合宿を終えた時点で私はもう勝つ気満々でした。例年の消化率と比べても遜色《そんしょく》がなく、11月くらいには箱根駅伝も楽勝で勝てると思っていたのです。ところが、12月の頭に入ってからコロナウイルスの感染者や故障者が次々に出て、バタバタとそれまでのプランが崩れてしまった。自戒を込めて言えば、私自身の気の緩みもあったのだと思います。

**レースで大切なのは、ピーキングをどうその日に合わせるか。箱根駅伝のスタートである1月2日に、選手たちをどう万全の状態で立たせるか。そこに持っていくために、各大学の指導者は試行錯誤を繰り返している**のです。

秋からの指導者の心理で言えば、調子がよいときに限って早く結果が見たくなるものなんですね。スピード練習をして、調子をどんどん上げたくなる。選手も、そのスピード練習に合わせて調子を整えますから、早くやっているうちにピーキングがズレてしまうことにもなりかねません。

私たちの最大の目標は箱根駅伝ですから、そこで本来の力が発揮できるようにしないといけない。それなのに、11月の全日本大学駅伝でちょっと調子を上げてみるか、いや10月の出雲駅伝で一度ピークをつくっておくか。そうやって前倒しでやっていくと、肝心の箱根駅伝にピークが合わなくなるんです。

ですから、指導者ははやる気持ちをどう抑え、ぐっと我慢するか。これが肝心です。**自分たちがやってきたことを信じて、目に見えない熟成を待つ。欲を抑えながら、箱根一点勝負に持っていく。これが簡単そうで難しい、勝つための鉄則**だと思います。

選手心理でいえば、彼らだって速く走りたいわけです。ゆっくり走っているとだんだんとイライラしてきて、成果を早く知りたがるんですね。そこをなんとか抑えさせて、もう少し走り込みを続けようと、説得するのが監督の仕事なのです。

裏返してみると、秋頃にマスコミが「すごくいま、勢いに乗っている」と持ち上げているチームは、ピーキングを前に持ってきすぎているのかもしれません。

これればかりは他チームの状況なので本当のところはわかりませんが、考えられるのは次のふたつです。

ひとつは、**高いベース部分があって、本当に戦力が充実している場合**。

もうひとつは、**早い段階で選手を仕上げてしまって、ここからの調整に不安を抱えているケース**です。

監督によっては、高度な情報戦を仕掛けることもあるので、ファンの方は本当はどちらなのかを予想してみると楽しいでしょう。

もうひとつの落とし穴として、ダメな監督がよくやるのは、レース本番の10日前くらいに本番と同じ距離を走らせること。試合で本当に走れるのか不安になって、ついそういうことをやってしまう。そこですごくいいタイムが出ても、大会の10日前だともう再調整が間に合いません。試合で走ればいいのだから、練習で走る必要はないのに、不安なときはどこういう〝しくじり〟をやってしまうんですね。

## 監督就任＆箱根駅伝挑戦20年の記録

| 年度 | 就任年数 | 大会 | 順位 |
|---|---|---|---|
| 2004 | 1 | 第81回 | 予選会敗退（16位） |
| 2005 | 2 | 第82回 | 予選会敗退（13位） |
| 2006 | 3 | 第83回 | 予選会敗退（16位） |
| 2007 | 4 | 第84回 | 予選会敗退（10位） |
| 2008 | 5 | 第85回 | 22 |
| 2009 | 6 | 第86回 | 8 |
| 2010 | 7 | 第87回 | 9 |
| 2011 | 8 | 第88回 | 5 |
| 2012 | 9 | 第89回 | 8 |
| 2013 | 10 | 第90回 | 5 |
| 2014 | 11 | 第91回 | 1 |
| 2015 | 12 | 第92回 | 1 |
| 2016 | 13 | 第93回 | 1 |
| 2017 | 14 | 第94回 | 1 |
| 2018 | 15 | 第95回 | 2（復路優勝） |
| 2019 | 16 | 第96回 | 1 |
| 2020 | 17 | 第97回 | 4（復路優勝） |
| 2021 | 18 | 第98回 | 1 |
| 2022 | 19 | 第99回 | 3 |
| 2023 | 20 | 第100回 | ? |

## 3位で敗れた際に選手たちに話したこと

前回、箱根駅伝で3位に敗れて、私は学生たちにこう問いかけました。

**「負けたからといって、また箱根駅伝で勝てなかった頃のように、元に戻すことはしたくないからね」**

元に戻すとはどういうことか。

つまり、1から10まで指導者が管理して、監督主導で選手を走らせること。それは私もしたくない。でも、もし君たちが自主的に体調管理ができないんだったら、そのやり方に戻そうかと。どっちを選ぶか、自分たちで相談してほしい、と言ったのです。

学生たちも、先輩たちが自分たちと同じやり方で勝ったのをよく知っています。と同時に、自分たちに甘さがあったこともわかったのでしょう。大事な試合の前に、自転車でコケてケガをする、段差でつまずいて足を捻挫する。そういったつまらないミスは、日頃から高い意識を持っていれば防げることなのです。

最初に確認したからか、新チームが２０２３年4月に始動してからは、いまのところ気の緩みは感じられません。

とはいえ、チームも生き物ですからその都度いろいろな分岐点が現れてきます。**ある意味、一番怖いのが負け癖がつくこと**。ですから、負けたときにこそ、よりいっそうの努力が必要になってきます。

前のシーズンで大学駅伝3冠を成し遂げた駒澤大に完敗して、私もそうですし、選手たちにも勝ちたいという欲が出てきています。外野からは「青学は戦力が落ちた」「2024年の100回大会は優勝争いは厳しい」という声も聞こえてきますが、そこで当たり前の基準を下げないようにしなければなりません。

**また戦力がグッと上がってきたときに、上のほうのベースからリスタートするか、あるいは、いったん下がった状態から再度上げていくのとでは、大きくその後の展開が変わる**からです。いかに自分を律して、ストイックに練習を続けられるか、本当に近道がないのが陸上競技なのです。

先ほども述べたように、私が嫌うのはしょうもないケガです。練習ではなく、自転車に乗って電柱とぶつかったとか、歩いていて捻挫したとか、そういう**気の緩みも当たり前の基準が下がっているときに起きやすい**のです。だから、チームにそんな選手がちらほら出てくると、さすがに私も口を酸っぱくして注意します。

世の中には、「原メソッド」を「原マジック（魔法）」と勘違いしている人もいますが、どんな選手層でも優勝できる、そんな魔法はありません。メソッドというのは、あくまでもその子の能力を確実に上げられるということで、それ以上ではないのです。

たとえばいま、シード圏外にいるチームを私が率いて、いきなり本戦（箱根駅伝）で活躍できるかといえばそんなことはあり得ません。ベースが低いところにあるチームを指導するなら、やはり基礎部分を引き上げるためにそれなりの年数が必要になってきます。あくまで私は、その子が持つ能力を引き出す術がうまいのであって、金メッキの集団に金メダルを取らせられるわけではない。大学4年間でそれを行うのは至難のワザなのです。

## 人、モノ、金の動かし方を考えるのが監督の仕事

ここまで、監督の仕事について、私の経験を中心に説明してきました。

少し、イメージにある監督像が変わってきたのではないでしょうか。おそらく、多くの方の頭にあるイメージは、監督とはコーチの親玉というようなものだと思います。

たしかに従来の大学スポーツでは、監督とヘッドコーチとのあいだに大きな差はありませんでした。いわゆる技術を教える存在で、現場で学生たちを指導します。ところがいまは、監督の仕事が多岐にわたっていて、コーチング以外にもさまざまな能力が求められるようになっているのです。

大きな枠組みでいえば、世の中の情報をうまく取り入れて、選手をいかにマネジメントしていくのか。つまり、**試合結果もさることながら、育成のベースをつくることが肝心**なのです。そこから選手個々の能力に応じて、枝葉の部分を伸ばしていきますが、ある程度のフレームづくりをしておかないと、先には進めません。

**指導法における育成メソッドと同様に、組織のなかで人、モノ、金をどう動かしていくか。その土台となるフレームを考えるのも監督の仕事**なんです。だから当然、監督が資金集めもしなければなりません。

たとえば、新たなトレーニングメソッドを導入する際は、それを教えられるトレーナーが必要になります。トレーニング機器も新しく購入しなければならないでしょう。その費用について大学側と交渉するのか、あるいはチームのブランディングを高めて、スポンサーを探すのか。いずれにせよ、交渉するのは監督の役目です。

まだ青学大の指導を始めたばかりの頃は、1年間の活動費が500万円ほどしかありませんでした。大学側から強化費として500万円が支給され、そのなかからスカウト活動費、合宿代、試合に出る際の参加料などをまかなわなければならなかったのです。ですから、その頃の学生たちには自己負担も当然してもらっていました。

いまとなっては懐かしい思い出ですが、まだ私たちが箱根駅伝の予選会で戦っていた頃は、夏合宿でも公共の宿に泊まっていたのです。

町田の寮で、朝の9時から学生たちをパソコンの前に座らせて、「早期割引（たしか75日前）の安い席を確保しろ！」と号令をかけた。一番安い席は5席程度しかなくて、必死でそれを狙っていたのです。

当時はコーチもいませんから、私がコスト管理まですべてを担当していました。自腹でマイクロバスの免許も取ったくらいです。合宿先の菅平《すがだいら》へは、私の運転で学生たちを連れて行っていました。

そういった経験もあったので、私は青学大の監督に就任して以来、自ら収益をつくり出す仕組み（フレームづくり）を考えてきました。

関東学生陸上競技連盟（関東学連）からの補助金や大学からの補助金だけでなく、大学に寄せられる寄付金に焦点を当てて、それを私たち陸上部にスポンサードしてもらえるよう、大学にお願いしたのです。たとえば、大学には指定寄付金制度があり、寄付をする側が陸上部を指定することもできるのです。この制度のおかげで、陸上部宛てに寄付をしていただけるようになり、合宿でも民間の宿を利用できるようになりました。

学生たちにひもじい思いをさせるのはイヤですから、自分でブランディングをして、青学大の価値そのものも高めてきました。**私がテレビやラジオに出演することをよく思わない方がいるのも知っていますが、青学大の監督として世の中に広く名前を知ってもらうことは大学の地位を引き上げるためにも不可欠**なのです。ブランド力が高まれば、費用の一部をスポンサーに負担してもらうことも可能になりますからね。

一方だけが得をするのではなく、あくまでウインウインの関係で双方にウマ味があるようにスポンサードをしてもらうのが大切です。シューズなどの用具を提供していただければ私たちは費用面で助かりますし、メーカーのプロモーションビデオに私たちが登場すれば、それはメーカー側にとってのプラスになるでしょう。

言ってみれば私は、**一代で青学大長距離部という会社をつくったようなもの**なのです。

**ある意味、監督とはコーチの親玉ではなく経営者と言える**のかもしれません。

青学大ではフィジカルトレーナーにも週に数回、学生寮まで足を運んでもらっていますが、それもある意味では陸上部のブランド価値を高めた結果とも言えます。トレーナーの方のなかには、青学大の選手だから指導したいと言う人もいるわけです。

われわれが勝てばその方のステータスも上がるし、見方を変えれば、私たちがトレーナーさんの信頼を保証している部分もある。ただ、試合に勝った負けただけではなく、そんなことまで考えないと最先端の技術、ノウハウが手に入らない時代になったと言えるのかもしれません。そういったことにも大学の指導者は、いえ、少なくとも私は、気を回して日々を過ごしているのです。

# 第2章

# 箱根駅伝に出る選手をどのように育てているのか

## 監督の心情が浸透するのは4年周期×2周

監督の仕事で、もっとも大きなものはやはり育成です。監督は誰しもその人なりの指導哲学を持っていると思いますが、それを浸透させるのがまず大変なのです。

私の経験も踏まえて言えることですが、陸上の長距離は短期的な視点ではなく、10年スパンでチームづくりをしていかないとうまくいきません。

過去の例を見ても、監督が3年、4年でコロコロと代わっているチームで勝ったためしがないのです。ましてや、**本戦出場すら遠ざかっているチームを箱根駅伝で優勝させようと思ったら、最低でも10年はかかると見るべき**でしょう。

学生スポーツは基本、4年周期でメンバーが替わります。私の感覚では、それを2周したくらいでようやく監督の信条がチーム全体に浸透していく。**長距離走は狩猟ではなく農業系の種目**と言えるのです。

土から耕して、種を植え、肥やしを入れたり、水をやったりしながら、じっくりと芽が育ってくるのを待つ。毎日毎日、そういうことを繰り返しやらないと、チームは成長しないのです。たとえ芽が出ても花が咲かないこともあるし、花が咲いてもすぐに枯れることもある。監督に対する信頼も、8年くらい経たないと培われてこないんですね。

それはいま、箱根駅伝で勢いが出てきた国学院大学や中央大学を見ても明らかです。国学院の前田康弘《まえだやすひろ》監督は、監督就任10年目にして出雲駅伝で初優勝を飾りました。中大の藤原正和《ふじわらまさかず》監督は就任8年目で、昨シーズンは箱根駅伝準優勝を飾っています。どちらも最初の2年ほどは苦しみましたから、監督のやり方がようやく選手に浸透してきた結果と見るべきでしょう。

新しく監督に就任すると、どうしても選手と衝突が起きます。前任の監督とはやり方が違いますから、むしろ選手のほうがハレーションを引き起こす。大学スポーツは大学組織に属するので、派閥関係などにも大きく影響を受けます。他のクラブとの足の引っ張り合いなどで、監督の立場自体も危ういのです。

じつは私も、就任3年目に危機を迎えました。詳しくは後に触れますが、監督の考えを浸透させるには、選手の反発を招いてでも厳しいことを言わないとダメなときがある。当然、選手とのあいだで食い違いも起きるでしょう。そこで上の人間がどう現場を収めてくれるか。あるいは選手たちが我慢できるか。もし早々に見限って3年周期で監督を代えたりすると、結局、チームは弱体化していくのです。

ある意味ではそれが、球技系のスポーツとの違いとも言えるでしょう。

野球を例に挙げれば、A監督とB監督とでは明らかに采配が異なる。プロの指導者は各々の戦術を持っていますから、戦術が悪いからという理由で監督を代えるのはたしかにわかります。でも、**陸上の場合、監督の仕事は選手たちを万全の状態でスタートラインに立たせるまでがメイン**です。

レース中に何か特別な采配ができるわけではないのですね。

先ほど少し触れた、チームが3年目に危機を迎えた際、監督就任時に1年生だった子たちが、「4年生になる最後の1年を原監督と一緒に戦いたい」と大学の上層部に直訴してくれました。私は学生に助けられて、監督を続けることができたのです。

あのとき私が得た教訓は、指導者がまっとうなことをやっていれば、誰かが必ず応援してくれるということなんです。

常日頃から、やろうとしていることや、指導理念をきちんと学生たちに伝えられているかどうか。この伝え方というのも非常に大切なんですね。

2006年2月、監督就任2年後の箱根駅伝2回目の挑戦のあと、
選手たちとともに。

**思いを言葉に換えて、学生の心にちゃんと届ける。それでなければ、「口で言わなくてもわかるだろう」「オレの言うことさえ聞いていればいいんだ」という昭和的な指導者と変わりがありません。**場合によっては、それを体罰で教え込むことになる。そういう指導者であれば、何かあったときに周りは助けてくれないでしょう。

## 日大の大麻事件から学ぶべき真の教訓

2023年夏から秋にかけて、日大のアメリカンフットボール部の寮で大麻が見つかったことが大きなニュースになりました。あれも誰に責任があるかといえば、やはり身近で教えていた監督です。

ただ戦術や戦略だけを教えるのが監督ではない。私がこれまで見てきたよい指導者というのは、ベース部分の人間教育をきちんとされています。そこを重視するのが大学スポーツの指導者であり、プロスポーツとの違いだと思うんですね。

ですから、この大麻問題でも、監督が矢面に立って出てこないのがまずおかしな話だと思います。理事長や副学長が記者会見を行いましたが、彼らが現場のことをよく知るはずがないのです。寮で生活している学生の表情を見て、悩みに気づき、一緒に解決していくのが現場の指導者でしょう。それを「知らなかった」という監督には、組織を任せることなどできません。

**監督もダメだし、現場のことを何も知らずに会見を開いた理事長もダメ。8月8日に開かれた日大の記者会見は、何もかもが失敗した悪しき例**でした。

この大麻事件を深く掘り下げると、大学自体が抱える問題点が見えてきます。

日大はそもそも、この事件以外でも、同じくアメリカンフットボール部の悪質タックル問題などがニュースになっていました。もしかすると現場が、「勝利至上主義」に傾きすぎているのではないでしょうか。

大会に勝たなければ、選手のみならず、大人側のスタッフも評価されない。成果だけを見て、すぐにクビを切られる。数字で見えるところだけで評価を下されるから、指導者も勝ち負けにこだわるようになるのです。

大学スポーツではそれ以上に、人間教育をどう行っているかが大事なのに、そちらの要素はひとつも評価されていないようです。結局、人間力を鍛えたほうが、回り回ってファンに愛される選手になり、感動を届けられるプレイスタイルに変わっていくはずですが、日大はそれがわかっていないのでしょう。

普通は悪質タックルなんてするはずがないのです。フェアプレイ精神が根づいていれば、ああいうプレイをするはずがない。ましてや、それを指導者が指示するなんてありえない話です。

学生が大麻をなぜ使ったのか、詳しくはわかりませんが、やはりいろいろなところでストレスを抱えていたのではないでしょうか。ストレスから解放されたい。この場所から逃げたい。それで闇の世界につい手を伸ばしてしまった……。

ただ、どれもこれも規則正しい寮生活を送っていれば、防げたことのように思えるのです。

よく、**青学大は「チャラい」と言われますが、寮のルールは厳格です。ただし、そのルールは学生主導で決めたもの**なんです。門限は22時ですが、点呼はありません。だいたい部員は遅くとも21時過ぎには寮に戻ってきます。**点呼をしないのは、私が好きではないからあれは監督が選手を監視するようなもので、言ってみれば昔の指導**です。

じつは、私も高校時代には息が詰まるような寮生活を体験しました。当然、門限も厳しかったですし、点呼もありました。でも、あれでは選手が面白くないし、輝けるはずがない。寮というのはくつろぐための家でもあり、憩いの場であるべきなんです。そうでなければ結局、長続きはしないんですね。

グラウンドでは厳しいトレーニングをするけれど、いざ寮に帰ったら誰もが羽を休めてくつろげる。昔は食事をするときも寝るときも、すべて修行というようなニュアンスがありましたが、私はそうした古い慣習を変えたくて、いまのような寮生活をつくりあげたのです。

「点呼がないなんてユルいな」と思われるかもしれませんが、それは違います。いくら周りからチャラいと言われようが、自分たちが一番厳しく律しているという自負が私たちにはあるのです。

日大の寮のルールには、はたして本当の意味での厳しさがあるのでしょうか。

## チームの強さの象徴となる12月28日の記録会

青学大では、行動指針のひとつにこんな言葉を掲げています。

## 「感動を人からもらうのではなく 感動を与えることの出来る人間になろう」

その根底には、陸上部を通じて社会に有益な人間を育てたいという私の思いがあります。箱根駅伝で優勝し、学生が笑顔でゴールするのも、もちろん感動を与えるでしょうけど、もっと日常の小さなことでも感動は与えられます。

たとえば、うちでは寮の掃除は1年生から4年生まで輪番でやりますが、この選手が掃除するといつもピカピカになる。しかも、その選手は4年間きちっと、掃除をやり通してくれたと。それはそれで感動するじゃないですか。

あるいは競技でも、青学では12月28日に、箱根駅伝の選考から漏れた選手を対象に学内記録会をやります。12月10日の発表で16名のエントリーメンバーから落選した学生が、その年の締めくくりとして10000mを走るのです。

ここ数年、そのレースで必ず上位にくるのが4年生なんですね。10000mというのはごまかしがきかない距離で、選考に漏れてからの約3週間、きちんとトレーニングをしていないとよいパフォーマンスは出せません。つまり、モチベーションを切らさずに練習をしないと、いい記録も出てこないのです。

もし勝利至上主義の考え方だったら、自分が選考に漏れた時点で練習に本腰なんて入らないでしょう。逆に、後輩の足を引っ張ってやろうとか、そう考える上級生がいたとしても不思議ではありません。でも、うちの部ではそういうことがなくて、選ばれなかったメンバーが、最後まできちんと練習をするのです。

なぜかと訊ねると、学生たちは皆こう言います。

**「ここで頑張らないと、自分がやってきた4年間を否定することになる」**

つまり、すぐれた人間性を追い求めているからこそ、手を抜くことをしないのです。そう言って実際に、28日の記録会で自己ベストを出す学生もいるんですね。

そうした姿を見れば、選ばれた学生も自信を持てるし、なにより刺激を受けます。**沿道からの声援もない、テレビカメラもない、もしかすると希望もないかもしれないけれど、箱根駅伝に出られなかった4年生がそうして戦う姿勢を見せてくれる。**彼らのためにも頑張ろうと、チームに一体感が生まれます。

他の大学では、12月10日の選考が終わった時点で、落選した学生を実家に帰らせるところもあるようです。風邪やインフルエンザが怖い季節ですから、気を抜いた学生がかかり、そこから感染が広がってしまうかもしれない、というリスクを考えてのことでしょう。

けれども、それは「お前たちは、もう目障りだ」と言っているようなものではないですか。1月4日になってからまた学生たちを呼び戻して、それでチームとしてのまとまりが出てくるでしょうか。

青学大は全員で戦う。そういうチームスピリットを代々の先輩たちが継承してきてくれたからこそ、いまのやり方が続いているんですね。**ただ走ればいい、結果を追い求めればいいというのではなく、仲間を思いやる気持ちだったり、最後まで努力する姿、そういったことを磨いたからこそ本番でも結果がついてくる。**

他の大学とは、そもそも発想が異なっているように思います。

## 「勝利至上主義」という落とし穴

2023年夏、インターネットニュース番組『ABEMA Prime《アベマプライム》』の特別版「本田圭佑《ほんだけいすけ》のアベマプライム」に出演しました。私の他には野球解説者古田敦也《ふるたあつや》さん、柔道家の山口香《やまぐちかおり》さんらがいて、「子どもの全国大会の必要性」がテーマでした。

平たく言えば、小学生が全国大会で勝敗を争うことの是非を論じたのですが、山口さん以外は皆、賛成派で、**小学生といえども目標とする大会はあるべきとの意見で合致**しました。山口さんは、勝ち負けにこだわることが勝利至上主義につながるというお話でしたが、私はそうではないと考えます。

勝利至上主義といいますが、昔と比べたら指導現場での体罰は明らかに減っています。このような時代ですから、頭ごなしに叱る指導者も少なくなっている。では、なぜ柔道家の山口さんがそれを危惧するのか。

問題は、柔道を取り巻く環境そのものにあるのではないでしょうか。もともと、柔道連盟にそのような体質があって、だから金メダル以外は意味がないと教えてきた。全国大会の開催に問題があるのではなく、連盟の体質自体を改善することのほうが先決のように私は思うのです。

勝った選手は手放しで褒めて、負けた選手にはなんで負けたんだと詰問する。そうではなく、**一生懸命頑張った結果として、2番、3番、それ以下になるのは当たり前。それを否定してはいけない**のです。この子のなかではよく頑張ったんだという視点を、指導者のほうこそ持たなければなりません。**1番には1番の価値があり、最下位には最下位の価値がある。最下位なりの頑張りもちゃんと褒めるべき**なんですね。

たとえ小学生の大会でも、勝ち負けは必要です。ただやみくもに勝てとか、ズルして勝というのではありません。マナーやルールを守らせたうえで、勝敗を競うことに意味があると思うのです。地方大会で勝てば、次は全国のもっと強い相手と戦いたいと思うのは当然ですし、その機会を大人が奪うことにも問題があります。

やはり、子どもであっても頑張ったことを評価されたいはずなんです。大会がなくなれば、大きな目標がなくなりますし、全国1位になりたいという子どもがいなくなれば、逆にさびしい気すらしませんか。

ただ、山口さんも言っていましたが、**指導者や保護者が勝利至上主義に傾いているケースもある**ようです。子どもの意見を無視して、もし大人たちが無理やり全国大会に出させているとしたら、これは大問題。柔軟な対応が求められているのは、むしろ大人たちのほうなのかもしれません。

## 駅伝が長距離強化に最適となった〝天の配剤〟

話を駅伝に戻しましょう。

前章で、駅伝は国民に愛されており、だからこそ長距離選手のモチベーションになっていること。もし駅伝がなくなってしまったら、陸上長距離種目は目も当てられない状況になり得るであろうことを説明しました。

ただしそれだけでなく、**駅伝というレース自体が、長距離強化の観点から非常に有効であるということも言えるのです。**

大学生には毎年、いわゆる「3大駅伝」と呼ばれる目標の大会があります。10月の出雲駅伝、11月の全日本大学駅伝、そして翌年1月に開催される箱根駅伝のことです。

この3大駅伝の特徴は、それぞれに競う距離が異なり、出雲、全日本、箱根とひと区間の平均距離がだんだんと延びていくこと。長距離の強化という意味では、この流れが非常に大事なんです。

ですから、**箱根駅伝だけを見るというのはもったいない。ぜひ出雲駅伝から見ていただけると、詳しくないファンの方ももっと駅伝を楽しむことができる**でしょう。

どういうことか、説明していきましょう。

多くの大学は、秋の駅伝シーズンに向けて、しっかりとした土台をつくるために夏合宿を行います。7月半ばから9月初めまで、涼しい高原でみっちりと走り込む。そして、今度はスピード強化に再び取り組むというタイミングで、区間ごとの距離が短い出雲駅伝が開催されます。駅伝の緒戦となる大会で、およそひと区間の距離が5㎞から10㎞ですから、そこでは5000mが得意なスピード豊かな選手が活躍できるはずです。

続く11月には、三重県の伊勢路《いせじ》を舞台に全日本大学駅伝が開催されます。こちらは、ひと区間の距離がだいたい10㎞以上となりますので、今度は10000mが得意な選手がエントリーをしてきます。

そして、最終決戦の箱根駅伝は、ひと区間の距離が20㎞以上となり、ハーフマラソンをしっかり走れる選手の活躍が見込まれます。

つまり、ちょうど1カ月くらいのスパンで距離が延びていくので、それに応じて長い距離のスタミナをつけていける。3つの駅伝にすべて出場する主力選手にとっては、まさに理想的な練習の流れが駅伝を軸に組めるのです。

この間隔で、この距離になったのは、さすがに偶然だと思いますが、**長距離の強化にとっては、まさに〝天の配剤〟**のようだと思うのです。

さらにいまは、学生最後のチャレンジとして、2月のマラソンまでが練習計画に入ってきます。青学大もそうですが、最近はこの2月、3月に行われるマラソン大会まで視野に入れて、トレーニングに取り組んでいる大学が増えてきているのです。

箱根はハーフマラソンほどの距離ですが、コースはアップダウンが多いですし、実際には30km走くらいの負荷がかかっています。準マラソントレーニングをやっているようなものなので、コンディションさえ整えられれば、いまの学生たちは十分に2月、3月のマラソンにも対応できるんですね。このように、**駅伝がマラソンの足かせになっているどころか、むしろきわめて効果的なマラソン強化策になっている**わけです。

## 1年の練習の締めくくりとしてのマラソン挑戦

私たちの練習計画を特別に公開しましょう。

青学大でマラソンに挑戦する学生は、2月の別府大分毎日マラソンをターゲットにしていて、そこまでは「原パッケージ」というべき強化メソッドがほぼ確立されています。

春のトラックシーズンは、その年の5月に行われる関東インカレ（関東学生陸上競技対抗選手権大会）をメドにスピードを強化し、夏合宿で走り込んで長距離の土台となる脚をつくります。8月のお盆あたりは長野県の菅平で合宿を行いますが、そこでの最終日に、フルマラソンを走る練習をするのです。

全員参加ではなく、参加希望者を募って、42・195㎞の距離を体感させるのですが、学生たちには必ずこう言うようにしています。

**「これが箱根駅伝に向けた強化につながるかどうかはわからない。あえてムダなことをさせているのかもしれない。でも、将来マラソンをやりたいと思っている選手にとっては、これがひとつの道しるべになるはずだ」**と。

実際のスピードは2時間45分くらいのペースなので、真のマラソンレースを体感したとは言えません。でも、私は最後の2・195㎞まできちんと測って走らせます。42㎞で終わるのではなく、この**端数の2・195㎞にマラソンの本当の苦しみがあり、難しさがある**と思うからです。

学生たちはきっと、ゴールしたときに、2時間10分を切ってマラソンを走ることの難しさを肌で感じることでしょう。そして、走り終えたあとには、間違いなく充足感があるはずです。最後の2・195㎞がどんな練習よりもきつくて、涙を流す選手もいるくらいです。それだけ、この距離は魔法の数字なんですね。それをみんなでやりきった。真夏の合宿の最後にこの練習をやった。それがチームに一体感を生むのです。

マラソン練習を取り入れるのには、もうひとつ利点があります。それは一度でもフルマ

## 日本男子マラソン歴代記録中、箱根駅伝未経験者は3人だけ！

| | 記録 | 名前 | 大会名 | 年 | 記録年齢 | 出身校 |
|---|---|---|---|---|---|---|
| 1 | 2:04:56 | 鈴木健吾 | びわ湖毎日マラソン | 2021年 | 25 | 神奈川大学 |
| 2 | 2:05:29 | 大迫　傑 | 東京マラソン | 2020年 | 28 | 早稲田大学 |
| 3 | 2:05:51 | 山下一貴 | 東京マラソン | 2023年 | 25 | 駒澤大学 |
| 4 | 2:05:59 | 其田健也 | 東京マラソン | 2023年 | 29 | 駒澤大学 |
| 5 | 2:06:11 | 設楽悠太 | 東京マラソン | 2018年 | 26 | 東洋大学 |
| 6 | 2:06:16 | 高岡寿成 | シカゴマラソン | 2002年 | 32 | 龍谷大学 |
| 7 | 2:06:26 | 土方英和 | びわ湖毎日マラソン | 2021年 | 23 | 国学院大学 |
| 8 | 2:06:35 | 細谷恭平 | びわ湖毎日マラソン | 2021年 | 25 | 中央学院大学 |
| 9 | 2:06:45 | 高久　龍 | 東京マラソン | 2020年 | 27 | 東洋大学 |
| 9 | 2:06:45 | 西山和弥 | 大阪マラソン | 2023年 | 24 | 東洋大学 |
| 11 | 2:06:47 | 井上大仁 | びわ湖毎日マラソン | 2021年 | 30 | 山梨学院大学 |
| 12 | 2:06:51 | 藤田敦史 | 福岡国際マラソン | 2000年 | 24 | 駒澤大学 |
| 12 | 2:06:51 | 小椋裕介 | びわ湖毎日マラソン | 2021年 | 27 | 青山学院大学 |
| 14 | 2:06:53 | 池田耀平 | 大阪マラソン | 2023年 | 24 | 日本体育大学 |
| 15 | 2:06:54 | 上門大祐 | 東京マラソン | 2020年 | 26 | 京都産業大学 |
| 16 | 2:06:57 | 犬伏孝行 | ベルリンマラソン | 1999年 | 27 | 城之内高校 |
| 16 | 2:06:57 | 大塚祥平 | 大阪マラソン | 2023年 | 28 | 駒澤大学 |
| 18 | 2:07:05 | 定方俊樹 | 東京マラソン | 2020年 | 27 | 東洋大学 |
| 18 | 2:07:05 | 吉田祐也 | 福岡国際マラソン | 2020年 | 23 | 青山学院大学 |
| 20 | 2:07:12 | 大六野秀畝 | びわ湖毎日マラソン | 2021年 | 28 | 明治大学 |
| 21 | 2:07:13 | 佐藤敦之 | 福岡国際マラソン | 2007年 | 29 | 早稲田大学 |
| 22 | 2:07:20 | 木村　慎 | 東京マラソン | 2020年 | 26 | 明治大学 |
| 22 | 2:07:20 | 菊地賢人 | びわ湖毎日マラソン | 2021年 | 30 | 明治大学 |
| 24 | 2:07:26 | 聞谷賢人 | びわ湖毎日マラソン | 2021年 | 26 | 順天堂大学 |
| 25 | 2:07:27 | 服部勇馬 | 福岡国際マラソン | 2018年 | 25 | 東洋大学 |
| 25 | 2:07:27 | 下田裕太 | 東京マラソン | 2020年 | 23 | 青山学院大学 |
| 25 | 2:07:27 | 川内優輝 | びわ湖毎日マラソン | 2021年 | 33 | 学習院大学 |

※ ▒▒ は箱根駅伝未経験者

ラソンの距離を走っておくと、きつい練習のはずの30km走が長く感じなくなるということ。箱根の20kmや、長距離部員の主戦場であるハーフマラソンの距離は、むしろ短いとさえ感じられます。この感覚がつかめるのも大きなメリットです。

ちなみに、東洋大学さんは同じ時期に夏の北海道マラソンに選手を出場させています。うちが夏合宿でマラソン練習をする代わりに、酒井俊幸《さかいとしゆき》監督は実際にレースを走らせる。当然、私たちの練習ペースよりもやや速い設定になっているはずですが、それでも北海道マラソンは5kmが15分半ほどのペースなので、学生であっても十分についていくことができるのです。

夏の走り込み練習の一環として、いいチャレンジをされているなと思います。8月末の開催なので、マラソンを走っても、その疲労は秋の駅伝シーズンまでには回復します。あるいは、ゆっくりと時間をかけて疲労回復と長距離特化に努め、復路を堅実に走れる選手を育てようとしているのかもしれません。復路一本勝負の選手を育てるには、これも理にかなったやり方なんですね。

私たちのチームに話を戻すと、夏合宿後から秋にかけては、先ほども述べたように、3大駅伝の距離に合わせた調整を行い、徐々に距離を延ばしながらマラソンにも対応できるスタミナを強化していきます。

その結果として、2023年の別府大分毎日マラソンでは、わがチームの当時4年生だった横田俊吾《よこたしゅんご》が2時間7分47秒という、日本学生記録を20年ぶりに更新する快走を見せ、4位に入りました。

日本勢トップにはわずかに3秒及びませんでしたが、並みいる実業団選手がいるなかでこの4位という成績はたいへん立派です。彼は苦労人で、初めて箱根駅伝を走ったのが4年生のときでした。**スピードでは劣る分、走り込みの量を増やし、マラソンで結果を出せるまでに成長しました。まさに模範となる学生のひとり**です。

私が、この別府大分毎日マラソンを重視するのにももちろん理由があって、大会のレベルが学生たちにはちょうどよいということが挙げられます。3月の東京マラソンは国際メジャー大会（国際マラソン大会の格付けで最高ランクのエリート・プラチナ・ラベル）で、学生にはレベルが高すぎる。記録は狙えても、先頭集団で競うことは難しい。そうなると、この先の強化にはつながっていきません。

やはりマラソンは、先頭集団でレースを展開できて、初めて参加意識がもてるのです。そこで競るからこそ力がつく。**「体験」を「経験」に変えていかないと力はつかないですから、後ろにいてただマラソンを走るだけだと、単なる体験で終わってしまいます。**そういう意味で、学生たちがちゃんと戦える大会であるか、先頭グループについていけるかというところは、大会を選ぶうえで、とても大事なポイントなんですね。

もう一度整理すると、別府大分毎日マラソンはレベル的にも学生にちょうどいいし、時期的にもベストです。3月のびわ湖マラソンや東京マラソンまで引っ張ると、今度は春先のトラックシーズンに影響が出てきてしまいます。疲れが抜けずに、スピード強化の練習ができないと、そこからの流れがすべて後手に回ってしまうのです。

それを回避するためにも、2月のマラソンでレースを終えれば、その後1カ月は体を休めて、また4月から始まる次のシーズンに向けてフレッシュな気持ちで入っていけます。そのサイクルがグルグル4年間をかけて回っていけば、卒業する頃には自ずと力がついているという仕組みなんです。

そういった強化パッケージが駅伝を通じてつくれる。だから、**駅伝は長距離強化のうえでも大事なレースと言える**のです。

## 大学生のマラソン挑戦を復活させたのはなぜか

学生のうちからマラソンを走る。昔、瀬古利彦さんたちが活躍されていた頃は、それが当たり前でした。

ところが、いつしか慎重論が主流となり、**学生のうちにマラソンに挑戦することは無謀と見られるようになってしまったのです。再びその流れを変えたのは私たち青学大だった**と自負しています。

先鞭をつけたのは、うちの大学で初めてエースらしいエースに育った、出岐雄大《できたけひろ》でした。彼は2012年、3年生のときに第88回箱根駅伝の2区で区間賞を獲得し、その勢いも駆って、その年のびわ湖毎日マラソンで初マラソンを経験したのです。しかも、当時の学生歴代3位の記録を出しました。

そして2016年2月28日、今度はリオ・オリンピックの選考会を兼ねた東京マラソンに、青学から5人の選手をエントリーさせました。

そのなかで**2年生の下田裕太《しもだゆうた》が10代の日本最高記録をマークして日本人2位、3年生の**

**一色恭志《いっしきただし》が3位に入った。格上の実業団選手を抑えての結果でしたから、いま考えてもすごいことをやった**と思います。

私が、大学生のうちからマラソン挑戦を勧めるのは、適性を見極めるなら早いほうがいいと考えるからです。大学生だから走れないのではなくて、適性があれば大学生でも走れるんですね。

稀にですが、こういう選手もいます。速く走る才能はないけれども、長い距離を走れる能力に長けている。そういった選手は、たとえ故障上がりであまり練習を積めていなくても、42・195kmの距離を苦もなく走りきってしまうんです。

しっかりしたトレーニングが積めていないと、普通は途中で動けなくなりますが、生まれ持った素質というのでしょうか。動物が何も考えなくても足を動かすように、体力が続く限り延々と走り続けられる選手がいるのです。

さらに言えば、若いときのほうが疲労の残り方も軽いし、またすぐに練習が再開できて、リカバリーも効きます。歳を取ってからやっても、疲労感が増すばかりでいいとは思えないんですね。

私が理想とするのは、トラックでスピード強化を図りながら、駅伝を生かしたスタミナづくりに取り組み、最後はマラソン挑戦でそのシーズンを終えること。

**出雲、全日本、箱根の３つの駅伝ですべて勝つことを「３冠」と言いますが、これを先述した流れのなかで勝つことがベスト**なんです。

## 勝つチームのフレーム、負けるチームのフレーム

チームが強くあり続けるには、監督の力量が不可欠です。

大学スポーツの宿命で、学生は毎年入れ替わりますが、監督だけは変わりません。箱根駅伝を見ても、毎年上位にいる大学の監督には力があるんだと思います。

ただ、監督も大学の組織の一員です。大学の組織内での関係性や、他の部活動との兼ね合いなど、組織のなかで孤立しないように、そういったトータルバランスをつねに頭に入れておかなければなりません。

結局、**大事なのはフレームづくりだと私は考えています。ここでいうフレームとは、勝てるチームになるための大きな枠組みづくりとでも言いましょうか、これだけは最低限守らなければいけないというルールを設けることが大事**なんです。

たとえば組織内でルールをつくっても、それが厳しければいいというものではありません。皆が守れるルールでなければ意味がないのです。

私たちのチームはよくルールが厳しいと言われますが、学生たちはちゃんとそれを守っています。しかも、学生が主体となって規則をつくっている。もしルールが守られなくても、ちゃんとそのときに話し合いをし、悪いところを指摘し合える。**組織の規律がゆるまなければ、5年後、10年後もチームは安泰**と言えます。

その逆も然りです。負けるチームにはおそらく、フレームとなる軸がないのでしょう。**絶対にこれだけは外せないという根っこの部分。そこが揺らいでいるのに、何かを積み上げようとしても時間ばかりが経過して最後は崩れてしまいます。**

その点やはり、箱根駅伝で言えばライバル校の駒澤大学、東洋大学には軸を感じます。たとえ優勝争いができなくても、両校は毎年シード圏内にとどまり続けている。勝つためのフレームが、しっかりしているのだと思います。

同様に、２０２１年の出雲駅伝で優勝し、２０２２年の第98回箱根駅伝においても5位入賞を果たした東京国際大学も私は高く評価していました。

じつは同大学の創部当初、**当時の監督だった大志田《おおしだ》秀次《しゅうじ》さんが、私たちの寮に泊まり込**

**みで視察に来たことがある**んです。大志田さんが自ら頭を下げて、「どんな寮生活をしているのか見学させてほしい」と。

私は手の内は隠しませんから、どうぞ、どうぞと招き入れました。

それは、目先の視点だけではなくて、業界全体の発展を望んでいるからなのです。自分たちだけが喜べればいいという考えで、ノウハウを固めて外に出さなければ、大学陸上界の発展は望めません。強くなりたい、長距離界をより強くしたい。そういった志を持った監督ならウェルカムです。

もし、**青学大のフレームが真似されても、大学駅伝界のレベルが上がれば、結果としてそこに携わっている私たちのステータスだって上がっていく**のですから。

ただ残念なのは、大志田監督は第99回箱根駅伝でシード権を逃したとの理由からなのか、2022年シーズンをもって監督を勇退されました（現在はホンダのエグゼクティブアドバイザー）。これから強豪校へと躍進していくだろうと思っていた大学だっただけに、残念な気持ちとともに、正直、ある意味ホッとしているところです。

よく言われるように、チームづくりは人づくりです。これからの東京国際大学の動向を、心配しながらも気にかけていきたいと思います。

## 指導者は技術屋である

「青学大では日頃、どんな練習をしているのか。私たちも強くなりたいから、それを教えてほしい」

よく聞かれる質問です。

トレーニングには生理学的なものもあれば、心理学的なものもあって、どちらも理論で成り立っていますから、理屈で教えることはできます。

たとえば、うちのチームの練習の代名詞である **「青トレ」（青学オリジナルの運動メソッド）は、運動の軸となる体幹を鍛えることがキーポイント**です。体の内側にある筋肉を鍛えることで、姿勢が安定して高いパフォーマンスにつながっていくんですね。

ただ、練習メニューだけを与えて、すぐに強くなるかと言えばそうではありません。姿勢や形を真似しただけでは意味がなく、きちんと体のコアな部分が使えていないと同じ効果は得られないのです。

新しく駅伝部を立ち上げた大学に、同じ練習メニューを与えたとしましょう。もしかすると、学生はそのトレーニングを物足りなく感じるかもしれません。ところがそれは、きちんと狙ったところが鍛えられていないからなのです。

青トレは、フィジカルトレーナーである中野《なかの》ジェームズ修一《しゅういち》氏の指導から始まりました。フィジカルの重要性にいち早く気づいた私が、彼を外部から招聘したのです。最初は手取り足取り、丁寧にやり方を教えてもらうことから始まりました。

きちんと狙ったところに負荷がかかれば、そもそもフィジカルトレーニングですからかなりキツいはずです。これまで鍛えられていなかった部位を鍛えるのですから、本来であれば肉体が悲鳴を上げないとおかしいんですね。きつくないと感じた時点で、それはもう正しいトレーニングではないのでしょう。

しかも、イチから鍛える学生と、青学大の陸上部員ではベースの部分が違います。土台である肉体の基礎レベルが違うので、同じ練習メニューを与えても、同じだけの効果は得られないのです。

家をつくるにしたって、まずは土台から組み立てるでしょう。いきなり屋根をつくり出すことはありません。しっかりと土台を築いたうえで、次に柱を組み立てていきます。青トレで言えば、まずは体のコアな部分を使えるようになったうえで、筋力やスピードといった能力を鍛えていく。その理屈を理解しないといけません。

それともうひとつ、これも意外に見落とされがちですが、**陸上競技のトレーニングには医学的な知見も必要**になります。走るとはつまり、どのような運動のメカニズムであるのか。酸素を取り入れて、体内でどんな生理的な作用が起きて、最終的なパフォーマンスにどうつながっていくのか。その視点を持つことが肝心なのです。

たとえば400mを10本走っても、1000mを4本走っても、練習の距離としては同じです。しかしながら、1kmのペース設定をどうするかで負荷は異なってきます。その前後にどんな練習を挟むかで、練習の強度もまるで変わってくるのです。

ようするに、さまざまな練習メニューのなかから何と何を取りだし、どうパッケージしていくか。グラウンドの気温、風、湿度といった外的要因も加味しながら、どう現場の指導に落とし込んでいくのか。指導者はそこまで考えなければなりませんし、それこそが**陸上部の監督が技術職と言われる由縁**なのです。

## 厚底シューズで走りの何が変わったか

**厚底シューズの登場は、長距離界における産業革命**でした。「魔法」というと言いすぎかもしれませんが、画期的なシューズであることは間違いありません。

厚底シューズが登場して、数年間の移行期があり、現状を見てみると、**長距離部員はほぼ全員が厚底シューズを履くようになりました**。その結果、シューズによる差はまた以前のようになくなりつつあります。

厚底シューズの登場以来、選手の能力のボトムラインが上がり、平均的な記録も数年前と比べてぐっと上がりました。これまでは足さばきで差がついていたのに、**このシューズを履いてからみんなの足さばきがよくなって、いまはエンジン（心臓）で差がつくような状況になっています**。

なぜ底上げが進んだかというと、走力だけでなく、選手のメンタリティーにもプラスになったからです。リズムよく走れるようになり、結果的に自己ベストが更新できると、当然メンタル的にも上がっていきます。意欲的に練習が積めるようになり、走力自体が上がっていく。そんな好循環が生まれているようです。

一方で、ケガによるリスクも増えています。

シューズのバネで脚が跳ね上がっていきますから、仙骨周りの故障リスクが増えたり、あるいは大腿骨《だいたいこつ》や股関節周辺の筋肉を痛めたり、いままでは顕在化してこなかった部位の故障が見られるようになりました。そのリスクをケアしようということで、青学大ではいま、厚底シューズ用のトレーニングメソッドを取り入れています。痛みが出やすい場所を強化して、予防線を張るのです。

技術の進歩によってつねに新しい問題が生じてくるからこそ、それをいかにキャッチして対応するかが大事なんですね。

## 学生にSNSを容認する理由とは

もっとも技術革新で言えば、チャットGPTに代表されるAIが話題ですが、これに関しては陸上にはあまり関係がないように思います。

私たち監督は現場で学生たちを見ていますが、**現場こそが最先端の研究施設**だからです。

実験材料は目の前にそろっているのですから、指導者は学生たちの走りをひたすらよく観察すること。**AIが箱根駅伝に勝つ方法を教えてくれるはずがなく、指導に安易な近道はない**のです。

ところで、皆さんはSNSをどう活用しているでしょう。

私がX（旧ツイッター）を始めたのは2019年。始めるきっかけは、社会への抵抗の意味合いが強かったです。

ある程度、自分で勝ち取った陸上界の実績があり、業界をよくしたいという思いもある。ところが、その思いを届けようと思えば、以前なら連盟のなかに入っていくしかありませんでした。

しかし、この連盟には第4章で説明するように、学閥や派閥、悪しき慣習などの壁があって、なかなか容易に入らせてはくれない。それに対抗する手段として、SNSの活用を思いついたのです。これを使えば、自分自身がアナウンスする側に立てる。誰だって発言権を持てます。もし自分の意見が業界の健全化に役立つと思うのであれば、積極的にSNSを活用すべきでしょう。

もちろん、使い方を誤れば痛い目にあいますが、青学大ではいち早く学生たちにもSN

Sの活用を認めました。いまだにそれを禁止したりしている大学もありますが、もはや時代の流れとして後戻りができないような状況になっていると思うのです。

であるならば、いかに付き合っていくかを考えるべきで、自分たちにプラスになるように使いなさいと指導しています。

**自身が発信者ですから、間違えばそれはすべて自分に跳ね返ってくる。その仕組みだけは理解するように諭します。**ただ、失敗することは悪ではないし、私は「失敗を容認する指導者である」ことを自負しています。つまり、何ごともチャレンジすることが大事で、失敗を恐れて何もしないほうが面白くない。もし失敗しても、それを跳ね返すだけの強い精神力や、対策を練っていけばいいだけの話なんですね。

ですから、**ワイドショーや一部週刊誌に見られる、一度失敗した人間を叩き潰すまで非難するような文化はあまり好きではない**のです。一度失敗したら、人生アウト。そうなるのがイヤだから、かえって人は隠そうとするんですね。それが犯罪などではない限り、失敗しても反省の機会を設けるべきだと私は思います。

駅伝シーズンが開幕し、SNS界隈でも駅伝関連の話題が多く投稿されるようになってきました。

**では今年、2023年シーズンの青学大は強いのか、弱いのか。**

皆さんが気になっていることについても触れておきましょう。

強かった4年生たちがごそっと抜けて、私も春先はどうなることかと心配しました。ですが、本書の執筆段階では、徐々に手応えが感じられるチームになってきています。

約1カ月におよぶ夏合宿を終え、恒例となった絆記録挑戦会（2023年は9月24日開催の5000m）では、過去最高レベルの仕上がりが見られました。**13分台を出したのが17名、13分40秒切りも6名と、学生陸上界の歴史でも、ひとつの競技会でこのよう好記録を出したチームは他にない**のではないでしょうか。

そして、翌々週の学内5000m記録会でも好記録を連発し、チーム全体（45名）の5000mの平均タイムは14分00秒41まで成長しました。チームが一丸となって成長できるメソッドが青学大の駅伝チームには健在であることが示せて、私も胸をなで下ろしました。

これまでの経験から踏まえても、**チームの状態がよいとき、それはある意味で3年生が強いときなのです。上級生がしっかりしていると、やはりチームは安定します。4年生は何も言わなくても頑張りますから、3年生がしっかりしているとチームはうまくまとまる**

のです。精神的なことは4年生に頼って、下は伸び伸びと力が発揮できる。まずは秋の駅伝を戦いながら、そういうチーム状況に持っていくのが理想です。

学生スポーツですから、1年ごとにメンバーが変わり、戦力に浮き沈みが出るのは仕方がないことです。それでも毎年、青学大の戦力が大きく落ちないのは、成長メソッドをうまく活用できているからでしょう。

まだ今後数年は、私たちが98回大会で記録した、10時間43分42秒という過去最速の優勝タイムが破られることはないと思います。つまり、私たちはそのときのチームにフォーカスすればよく、他のライバル校の行方を気にする必要がないのです。

ここ数年、箱根駅伝の最終調整は同じ場所で同じトレーニングをしていて、しっかりとしたデータが積み上げられていますから、過去のデータと比較しつつ、どれだけ練習を順調に消化できるかがポイントになります。

ぜひ100回大会での活躍に、期待してほしいと思います。

# 第3章

# 私が箱根駅伝に執念を燃やすようになった原点

## 「あいつは何しに世羅に行ったんや？」

ここまで駅伝、なかでも箱根駅伝に対する想い、そして実際の強化策について話をしてきました。では、なぜ私がそこまで箱根をはじめとする駅伝にこだわるのか。その原点について、まずは高校時代の話からしていきましょう。

私の母校は広島の県立世羅《せら》高校です。全国高校男子駅伝で全国最多11度の優勝を誇る名門で、「駅伝の世羅」と枕詞《まくらことば》がつくほどの伝統校です。

私はここに、いわゆるスポーツ留学をしました。同じ広島県三原市の親元を離れて世羅町に移り、1年生のときから寮生活。最初はまったく結果も出ず、トレーニングも厳しく、寮生活もつらいので、帰りたいとばかり考えていました。入ったばかりの頃の私は、弱音ばかり吐いていたのです。

でもある日、こう気づくのです。

**「自分で決断してここに来たんだから、諦めちゃダメだと。どれだけ寮生活が厳しくても、弱音を吐くのはやめよう」**

そういうふうに考え方を改めると、不思議と練習がつらくなくなったんです。

それで、今度は絶対に負けないと思って、2年生になりました。当時、ひとつ上の先輩の代が非常に強く、1500m、5000mの高校記録保持者であった2名をはじめ、当時の高校生ランナーの優秀の証しでもある5000m14分台の選手が、のべ7名ほどもいたのです。

レギュラーの枠は限られていますから、当然、5000mが15分台の選手だった私はレギュラーにはなれません。そこでまた悩むのです。「オレは何をしにここへ来たんだろうか」と。

親元を離れたうえに、普通の進学とは違います。スポーツ留学をしたのに、まったく鳴かず飛ばずで、**周りから「あいつは何しに世羅に行ったんや?」と思われるのがイヤ**でした。そこで、現状を変えるにはやはり練習するしかないと思い、そこからは輪をかけて日々のトレーニングを頑張ったのです。

いま振り返っても、高2の頃が一番練習したと思えるくらい、それくらい本気で陸上に取り組みました。

唯一の休みがお正月でしたが、実家に帰ってもひとりで練習をしたほどです。いまでは笑い話ですが、お年玉をもらってくると言って、10km離れた親戚の家まで走って行き、次はそこから5km離れた親戚の家まで、また走っていく。まさに「お年玉駅伝」のようなことをして、気づけば30kmくらい走っていました。

当時からそのような楽しむための仕掛けを考えるのが好きで、結果、私はそうして強くなっていったのです。

## 私の根っこにある高3のキャプテン経験

私が在学中も、世羅高は全国トップクラスの駅伝強豪校でした。

スター選手がいたひとつ上の代ですが、じつは最後の大会を勝てませんでした。**突出した「個」はいたものの、チームとしての一体感がなく、仲も悪かったし、後輩イジメもあって、まったく一枚岩にならなかった**のです。

練習も軍隊式で、先輩の命令は絶対でした。反省会では正座をさせられましたが、選考レースの前にあんなことをしたら選手は走れません。あの時代の運動部は、どこの学校もそうだったかもしれませんが、1年生は風呂に入る時間も遅く、鳴らない電話の前でずっと電話当番をしなければいけませんでした。先輩がイビキを立てて寝ている横で、下級生は座っていないといけなかったのです。

そんなことを下級生にさせて、チームの雰囲気がよくなるはずもありません。結果、NHKが密着取材するなど、絶対に優勝すると言われながら、先輩たちは全国3位に終わりました。**あのチームで3位は負けに等しかった**んです。


そして、いよいよ次は私たちの代です。周囲の期待値はうんと下がりました。強い選手が抜けて、能力的にも低く、実績もなければ自信もない。「お前らは駄馬だ、駄馬だ」と言われて、トレーニングが前年の5割増しになりました。

それでもやはり勝ちたいですから、厳しいトレーニングを必死になって耐えました。**私は3年生のとき、キャプテンを務めましたが、先輩たちの姿を見ていましたから、それを反面教師にして「和」を大切にしたチームづくりをした**んです。

もう、すべてのやり方を変えました。

あとでゴソゴソされるとイヤだから、1年生から先に寝なさい、と。風呂も一緒に入ろうと。反省会だってしごきのためにやるのではなく、意識を高めるための集まりにした。

そうしたところ、チームはたった1年で大きく変わっていったのです。

やはり、**駅伝での勝利のカギとなるのは、チームの一体感と日々の練習**です。トレーニングをしっかりやって、寮生活を整えなければ勝てないということですね。そういう原理原則を、高校時代に学んだように思います。

私たちは3年生の全国高校駅伝で準優勝に終わりましたが、優勝を逃した悔しさよりも、先輩たちの順位をひとつ上回った、その喜びでいっぱいでした。

振り返れば、この体験が自身の根っこにあると思っています。

## 小学1年生で悟った「自由」への渇望

天《あま》の邪鬼《じゃく》で、押しつけられることが嫌い。

私の性格は、小学生の頃からそうでした。自分で仲間を集め、「ヒマ人同好会」と称して、うす暗い川べりの土管のなかでいろんな遊びを考えたものです。そのルールも自分たちで考えて、こんなゲームをやるぞって。その頃からなぜか、上から言われたことを「ハイ、ハイ」って聞くのが好きではなかったんですね。

世羅高校のキャプテンとして準優勝の報告をしたときのワンシーン。
「和」のチームづくりで先輩の成績を上回った喜びでいっぱいでした。

私は小学校に入学した年に、一度死にかけたことがあります。漁港の防波堤から落ちて、手や足を20針近く縫う大ケガをしたのです。そこから1カ月間入院して、松葉杖生活でした。小学1年生といえば遊びたい盛り。それなのに、動きたいのに動けない。強制的に押さえつけられて、自分が小さくなったように感じました。そこでおそらく、自由の大切さというのを本能で感じ取ったのだと思います。

**抑圧された日々を過ごして自我に目覚めた、**とでも言うのでしょうか。

さらに言えば、小学生の頃はいわゆる「カギっ子」でしたから、何をするにも自分たちで工夫しないと楽しくなかったんです。

私は3人兄弟の末っ子。父親は教員で、母親もよく働く人だったので、家にいるのは兄弟だけということが多かった。別に貧しかったわけではありませんが、お腹が空けば近所のおばさんのところへ行って、何かを食べさせてもらったりしていました。あるいは、おこづかいをもらって、そのお金でどれだけ楽しいことができるか考えたり。

そうした経験からも、あまり子どもを過保護に育てないほうが、かえって子どもの自由な発想を伸ばすような気がします。

小学校高学年のとき、地元のマラソン大会に出場。
私の陸上、原初体験のひとつ。

## 入社5年目で実業団チームをクビに

じつは私は、学生時代に箱根駅伝を見たことがほとんどありませんでした。高校時代にはまだ、日本テレビによる生中継が始まっていませんでしたし、大学も愛知県にある中京大学に進んだので、箱根駅伝を観戦する機会もなかったのです。

大学時代の私は可もなく不可もなくの選手で、3年生のときの日本インカレで5000m3位に入ったのが最高の成績でした。

卒業したら、父親のように教員になろうと考えていました。ところが、ちょうどそのとき、地元の企業である中国電力から、「創設する陸上部の1期生として入部していただけないか」と、母校の世羅高で教育実習をしているときに勧誘を受けたのです。いわばなりゆきで競技を続けることになったんですね。

こうして陸上部の1期生として、1989年に中国電力に入社しました。

ただ、**どこか覚悟が曖昧だったのでしょうか。一番の悔いは、社会人1年目にケガをしたこと**です。

高校の先生に言われるがまま中京大学に進み、
3年生のときに出場した全日本インカレの5000m。左端が私です。

1年目の夏合宿を終えて、さあこれからというときに、自分の不注意で足を捻挫してしまいました。対処法を誤って、捻挫ぐらいと軽く考え、ケアをせずに放置していたら、取り返しがつかないくらいに悪化してしまったのです。それが後遺症となって、イメージ通りに走れなくなってしまいました。

それで、自分が強いのか弱いのかもわからないまま、1995年、入社5年目で実業団チームを引退することになったのです。

**平たく言ってしまえばクビ**ですね。

その頃のことを振り返ると、いまでも悔しさがこみ上げてきます。当時の指導は昭和のスタイルで、「指導者の言うことが絶対」という時代でしたから、あらゆる監視下に選手を置いて、下からの意見には耳を貸してもらえない状況でした。

私もケガのことをちゃんと打ち明ければよかったのですが、そのときは性格も無口でしたからね。監督やチームメイトから信頼されず、「ダメな人間だ」というレッテルを貼られてしまった。

このときの悔しさが、私を社業へと駆り立てたのです。

ところが、運動部上がりという経歴が今度は出世の妨げになりました。私は体育学部出

学生時代、前述の全日本インカレ5000mの3位に入ったのが最高成績。
可もなく不可もなくの選手でした。

身ですが、周りは有名大卒のエリートばかり。あり得ないような人事を経験し、同期とは差をつけられ、それでも必死になって営業のノウハウを覚えました。基本、私は負けず嫌いですから、仕事ができない人間だとは思われたくなかったんです。

まさに、**人生のどん底からのリスタート**。

営業マンとなって4年目、社内公募に手を挙げて、「エコアイス」という省エネ空調システムを提案する部署への配属を願い出ました。やがてその商品を社内で一番多く売り上げるようになると、「伝説の営業マン」というように、周囲の見方も変わっていったのです。10年間のサラリーマン時代で、最後は地方の営業所から本社にまで返り咲いたのですから、自分でもよくやったと思います。

ただ、**それでもどこか気持ちのなかに、「陸上でやり残した」という思いが消えずに残っていた**のです。

## 陸上への「未練」と3年生との「絆」

ひと言で言えば、陸上への未練です。

中国電力陸上部の面々と、入社2年目のとき。
この当時、すでに1年目のケガの影響が出ていました。

それがなかったら、知人からの誘いにも応じてはいなかったでしょう。

「青山学院大学が陸上部を強化する方針で、新たな監督のなり手を探している」

35歳のときにこの話を聞いて、未練を断とうと決心したのです。

3年間の嘱託契約で、将来の保証もない。広島の家のローンも残っていましたが、気持ちが抑えきれませんでした。猛反対する妻の美穂と両親を説得して、2004年、東京都町田市にある青学大の陸上部寮に夫婦ふたりで移り住みました。

**当時、すでに陸上の現場から10年近く離れていましたが、自分ならまったく違うやり方で、青学大の駅伝を強くできるという自信があった**のです。

私が知る限り、陸上の現場は私が現役だった頃と何も変わっていませんでした。指導スタイルも古いまま、生活習慣も代わり映えしない。旧態依然としたフィールドに危機感をおぼえたくらいです。ですから、逆に生活スタイルや意識という根っこの部分を変えれば、大学陸上界に革命を起こせると考えたんですね。

ただ、実際に現場を預かってみると、想像以上に選手の意識が低かった。茶髪にピアスの部員もいて、生活も荒れていました。私も改革を試みましたが、1年目、2年目と結果

本当は教師になるつもりだったのに、
誘われるがまま中国電力に入社した当時の様子。
若い頃は、他人の意見に流されがちだったかもしれません。

が出ません。そして、焦った3年目に、私は大失敗をしたのです。**とにかく勝ちたいという一心で、記録だけを重視して選手をスカウトしました。その結果、チームはまとまりを欠き、箱根駅伝の予選会で16位と惨敗を喫した**のです。

当然、**チーム内はゴタゴタとなり、私もクビ寸前まで追い詰められました。そのとき、「このまま原監督のもとでやらせてほしい」と、大学関係者に訴えてくれたのが、当時の3年生**だったのです。

私は監督を引き受けた際、主将は学生たちに決めさせると断言しました。自ら主将を引き受けるということは、そこに覚悟があるからです。この「覚悟」という言葉がひとつのテーマで、そこをいまでもすごく重要視しています。

ですが、過去20年間で唯一、この年だけは私がキャプテンを指名しました。**「監督とともに戦いたい」と言ってくれた学生に、一緒にチームを立て直してほしいと頭を下げた**のです。このままではチームが崩壊すると思ったし、このときはまだ「原イズム」がチームに浸透していませんでしたから。

やはり、チームには監督と選手の信頼感が欠かせません。選手が私のやり方を信じてくれたときに初めて、チームに一体感が生まれるのです。

私が監督に就任して5年目の2009年に、青学大は33年振りの箱根駅伝復活を果たします。その躍進の陰に、苦しかった時代を支えてくれた、先の3年生たちの奮闘がありました。彼らとの絆が、チーム再建のカギとなったのです。

## 「10時間43分42秒」という金字塔

振り返ってみると、33年振りに箱根駅伝に復活してからは、自分でも驚くくらい、順調に成績を伸ばして来られたと思っています。

2010年には復帰2年目にして箱根駅伝8位、シード権を早くも獲得します。そして、指導を始めて9年目の2012年には出雲駅伝に勝って、3大駅伝で初優勝を飾ります。学生たちが苦痛に顔をゆがめるのではなく、笑顔でたすきをつなぐ姿に、全国の高校生が何かを感じとったのでしょう。そのあたりから、スカウトでも高校時代から実績のある子たちが入ってきてくれるようになりました。

そして、2015年の第91回箱根駅伝で歴史が動きます。**2位でたすきを受け取った5区の神野大地が区間新記録の走りでトップを奪取。2位の明治大学に4分59秒もの大差を**

**つけて、往路優勝を決めたのです。もちろん、復路も青学大の独壇場。大会新記録で初の総合優勝を勝ち取りました。**

**常勝軍団の歴史は、あの神野の快走から始まったといっても過言ではない**でしょう。

では、いままでのベストゲームは何か。

これもよく聞かれる質問ですが、何を基準に考えるかで評価は分かれるので、ひとつに絞るのは容易ではありません。

ですが、**パッと頭に浮かぶのは、２０２２年の第98回箱根駅伝の優勝**でしょうか。

このときはエース不在と言われ、大会前の下馬評では連覇を狙う駒澤大学が優勢でした。私たちは前年、7年振りに箱根駅伝で区間賞なし。片や駒澤大は箱根駅伝を勝ち、その年の前哨戦である全日本大学駅伝でも、私たちに8秒先着して優勝を飾っていました。

長距離という競技は、前述したようにスタートラインに立たせるまでが監督の仕事です。私はその年、自信を持って10人の選手を送り出しました。往路には1年生ルーキーを2名起用したのですが、当然「原メソッド」に当てはめて勝てると見込んだ選手たちです。

とくに、5区に起用した若林宏樹《わかばやしひろき》は全国的には無名の1年生。箱根駅伝の最難関である区間にルーキーを当てたことで、驚かれたファンも多かったと思います。

**いざレースが始まると、監督にできることは運営管理車からの声がけくらい**です。私の場合は、誰に教わったわけでもありませんが、ある程度のパターンがあります。

**選手が走り出せば、まずは落ち着かせるためにゆっくりとしたトーンで話しかける。そして後半になるにつれ、ハッピーホルモンを出させるために、こちらもテンションを上げて、リズムよく、短い言葉を連呼**します。

困るのは予想外のアクシデントが起きたときで、やはり不安な気持ちで送り出したときほどマイナスに振れることが多い。もし選手が失速してしまったら、レース状況を頭から一度消し去って、個人を輝かせる方向に話を持っていきます。自分との闘いであることを強調して、選手がプライドを取り戻せるよう声をかけるのです。

その点、この年の声がけは非常に楽でした。**選手が理想の走りをしているときは、こちらもたいしてかける言葉がない**のです。

1年生で抜擢した3区の太田蒼生《おおたあおい》が区間2位の快走、5区の若林も区間3位の力走で、周囲の不安視する声を一蹴してくれました。

まさに圧巻だったのが復路の9区と10区で、ともに3年生の中村唯翔《なかむらゆいと》と中倉啓敦《なかくらひろのぶ》が区間新記録の驚くような快走を見せてくれました。気づいたときには、2位の順天堂大に10分51秒もの大差をつけて独走状態に。運営管理車に乗り、彼らの背中を見ながら、私まで惚れ惚れと感心したものです。

結果的に、この年は大会新記録である「10時間43分42秒」という金字塔を打ち立てました。ただし、このベストゲームにしても、何が前年と違ったのか、なぜこれほどの記録が出せたのか、理由についてはわからないというのが正直なところです。

ただ、勝つべくして勝った。いまもそれしか言葉が出てきません。

# 第4章

# 箱根駅伝をめぐる「闇」の真実

## 最大の問題は関東学連という組織の実態

さて、ここまで駅伝の魅力、可能性について語ってきました。その一方で、今後ますます駅伝が発展していくためには、その弊害についても触れないわけにはいきません。足元を見れば、私たち大学の陸上部が所属する関東学連（関東学生陸上競技連盟）にまつわる、さまざまな問題点が目につきます。

私がつねに疑問に思っているのが、この組織の実体についてです。箱根駅伝を主催しているのが関東学連ですが、この団体について一般の方はどれほどご存じでしょうか。

組織としては、会長、副会長がいて、その下に強化委員会や競技審判委員会などがあり、駅伝のルールなどはそこで決まります。

私はよく言うのですが、この**競技審判委員会の委員長が勝手にルールを決めないでほしいのです。**

**箱根駅伝のルールや規則は、参加校の監督が集う「監督会議」を通して意見を出し合うのが筋で、審判は本来、そこで決まったルールが正しく運用されているかを見るべき**なんですね。それが本来の仕事であるはずなのに、私たちが知らないところで勝手にルールを決めて、あとはそれに従ってくださいというやり方を、関東学連は変わらずにやり続けているのです。

そんなふうに上から目線で来られると、こちらも反発せざるを得ません。

なぜならば、関東学連という組織は株式会社でもなければ社団法人でもなく、ただの寄せ集め集団にすぎないからです。加盟団体である152（2023年6月4日現在）の大学の集まりで、だからこそ青学大にも一票を入れる権利があります。

それなのに、どうして私たちが関与しないところでルールが決められてしまうのでしょう。叩き台をつくっていただくのはけっこうですが、それをどう揉み込んでいくかは監督会議で決めるべきです。**「密室談合のようなやり方はやめてほしい」と、監督会議や評議員会議といった正式な場面で10年近く訴え続けている**のですが、この意見が受け入れられたことは一度もありません。

他の大学の監督でさえ、その場では賛同してくれないのです。

ただ、会議が終わった後で、「原さん、よく言ってくれた」とは言われます。「こちらは正式な場で主張しているのだから、その場で同調してくれよ」とは思いますが……。決められたことに文句を言わないというのが、陸上界ではよしとされるのでしょう。

しかしここ数年で、各大学の監督も代替わりが進み、中堅の監督から是々非々で意見が出るようになってきました。ようやく悪しき伝統から解放されるようになるのかと、私も少し期待を持って行く末を見守っています。

ただ、現状としてはまだ、参加大学の監督が一堂に揃う監督会議が、ただの連絡会になってしまっている。**監督同士が話し合う機会もほとんどないのが実状**なのです。

## まったく変わらない上のポストの顔ぶれ

この際ですから、関東学連に対する不満をしっかりと書きましょう。

関東学連は本来、学生が主体となる団体で、幹事長をはじめとして多くの学生がその運営に携わっています。しかし、彼らは大学生ですから4年ごとに代替わりをしてしまう。新しく入ってくるのはどうしても経験の浅い学生たちになり、会長や委員長ら大人に頼らざるを得なくなるのです。この構造がまず問題なんですね。

さらに言えば、会長の決め方にも問題があります。その人選は代表者委員会というところで正式に決まるのですが、**委員会には任期がなく、委員長はほとんど会長の知り合いのような人たちです。これでは、会議で反対意見が出るはずありませんし、上のほうのポストはずいぶん前から顔ぶれが変わっていません。**

学生の幹事長は毎年替わるのに、組織のトップだけがずっと同じでいいのでしょうか。正論を言えば、各要職も加盟校で持ち回りすべきなのに、一部の人間だけがその座に居座り続け、物事を決めています。これでは「談合体質」と非難されても仕方がないでしょう。

私は組織を横から見ているので、問題点がよくわかります。

任期がなければ設けるべきで、少なくとも会長や委員長の仕事振りは、その年ごとにきちんと評価されるべきです。責任の所在を明確にして、ダメなら厳しく追及される。そうでなければ、そのポストは居心地のよいただの〝名誉職〟と同じです。

なぜこんなことになるのか。それは、陸上がトラック&フィールドで成り立っているからです。トラック種目とフィールド種目が一緒くたになっており、短距離もあれば長距離もあるうえ、跳躍系も投擲競技もまとめてひとつの団体なのです。

つまり、**専門的なことを議論したくても、議論が深まらずに提案がそのまま通ってしまう構図になっている**ということ。

たとえば、私に短距離のことを聞かれても、「わからないからそれでいいよ」と言ってしまうのと同じで、長距離部がない大学にも等しく一票が与えられているため、駅伝の議論がしたくても、しっかりとできるはずがありません。

これでは、本気で何かを変えたいと思っても、その手段がないのと同じです。つまり、**いまの関東学連は、駅伝の改革をすることが、ほぼ不可能な組織になっている**のです。

## 組織の隅々にまではびこる「無責任主義」

では、駅伝のあり方に多大な影響力がある関東学連を、より開かれた組織に変えるために何をすべきか。

私は、短距離なら短距離の、長距離なら長距離のブロック（組織）をつくって、そこで議論するやり方がいいと思います。さらに長距離のルールを決める際には、長距離部を持つ大学のみに投票権を与える。いまは女子大や大学院も同じ一票を持っていて、権利自体がほとんど形骸化しているからです。

加盟団体を平等に扱うがあまり、逆に不平等になっているんですね。

とくに箱根駅伝は社会に与えるインパクトが大きい。**公道を走る駅伝ですから、社会とどう折り合っていくのか、しっかりと参加大学で議論すべき**でしょう。現場の意見を吸い上げる機会のない現行のルールでは、決して改革は進まないのです。

現実問題として、改革を進めるためにはリーダーの決断が欠かせません。

おそらく、日本の長距離がいまのままでいいと思っている関係者はいないと思います。それなのに何も変わらないのは、トップにいる人たちの覚悟が足りないからでしょう。世界との差がどんどん開いていくことに危機感をおぼえても、それをいざ改革しようとするとエネルギーがいる。**ヘタなことをして失敗したら、今度は自分のクビが飛びます。キツイ言い方をすれば、誰も責任を取りたがらない**のです。

連盟にただ籍を置いているだけでしたら、そこでは「先生」と呼ばれて、社会的な地位が保てます。いろいろな大会で表彰式のプレゼンターを務めたりして、当の本人はご満悦なのでしょう。

ようするに、自分のことにのみ関心があり、陸上界を強くすることには、まったく重きを置いていないのです。ですから、私が外からガヤガヤ意見を言うと、その内容を精査することなく「うるさい！」となるのです。

**箱根駅伝については年4回、監督が集まる会議がありますが、そこではすでに決まったものが情報として流れてくるだけ。議論する場ではありません。**すべてが情報共有型の会議ですから、私たち当事者が集まっても何も決められないのです。

じつにおかしな組織だとしか言いようがありません。

## 関東学連と同じ「闇」を抱える日本陸連

大学駅伝の世界だけでなく、そもそも、なぜ日本の陸上界自体が変わらないのか。

それは、やはり組織のあり方に問題があるからです。日本の陸上界をリードする日本陸連（日本陸上競技連盟）にしても、構造は関東学連と変わりありません。トラック＆フィールドがごちゃまぜで、組織は各委員会に分かれています。

いっそのこと現在の組織を解体して、ホールディングス制にしてみる、というのが私の改革案です。イメージとしては、日本陸連を親会社にして、そこから枝分かれしたところに短距離ブロックや長距離ブロック、投擲《とうてき》ブロックなどをつくる。そんなふうにして権限やお金の管理、あるいは普及活動などをそれぞれの競技ごとに独立採算制でやっていけば、少なくとも誰が責任者で、どの部署でどんな収益を上げているのかが視認できるかたちとなります。

いまの組織は、ブロック分けはされていますが、責任の所在が著しく不明瞭です。オリンピックや世界陸上でマラソンの成績が振るわなかったとして、これまで誰か責任を取ってきたでしょうか。長距離ブロックの責任者は、そもそも誰なのか。もう何年も低迷が続いているのに、その根本的な原因をどう解決するのか。陸上界は誰が監督をしているか。そのすべてがわからない状況が続いています。

野球であれば「長嶋JAPAN」、サッカーでも「森保JAPAN」と、監督の名前は誰もが知っている。**ではマラソン日本代表は何ジャパンなのか。私ですら、監督の名前は出てきません。誰が責任者であるのか、選手ですらわかっていないのが現状**なのです。

本来であれば、結果が出なければ組織を率いる者が責任を取るべきだし、そこでしっかりと敗因を分析しなければ、今後の強化ポイントもわかりません。ここに、長きにわたる陸上長距離の低迷の要因があるように思うのです。

オリンピックに行くためには、対外的にしっかりとした窓口がないといけませんので、そこは親会社の日本陸連に担ってもらいます。大枠についてはトップが決めて、責任や予算、PR活動等については、それぞれの種目ごとですべきでしょう。

そうすれば陸上の日本選手権も、トラック&フィールドのすべてを、あえて同じ4日間でやることもなくなってくる。10000mなどの長距離種目は記録の出やすい別の日にやっていますが、それぞれの競技のベストコンディションなり、ベストなやり方が他にもあるように思います。

そもそも論で考えれば、バスケットもバレーボールも、その母体である協会はそれぞれ別です。それなのに、なぜ陸上は短距離、長距離から投擲までが、ひとつの組織で管理されているのでしょうか。

**「同じ体育館を使っているから、剣道も柔道も同じでいいや」**

**たとえて言うなら、それと同じ理屈**です。陸上は種目によって大きく競技性が異なるのに、全部一緒でいいのかという話なのです。

ですから、いろいろな会議に出席しても、いつも話がかみ合わない。各種目の代表が好き勝手なことを言って、議論が深まらないのです。

正直言って、私が長距離種目以外の議論に加わってもわかりません。指導もしていなければ、詳しくもないのですから。結局そこは、各種目の関係者が責任を持ってやってくださいとなるわけです。

## 箱根駅伝の収益はどこに消えているのか

私がもうひとつ残念に思っていることは、日本陸連なり、関東学連なりが、収益を上げる構造になっていないことです。**収益が少なければ、自ずと強化費も乏しくなる。すなわち、選手への見返りが少なくなる**ことを意味します。

お正月にあれだけの視聴率を取る箱根駅伝ですが、いったいどれくらいの収益をもたらしているのでしょうか。たくさんのスポンサーがついて、2日間で相当な時間の生放送をしているにもかかわらず、日本テレビから関東学連に入ってくるお金は3億円くらいと聞きます。

そして、**大会に参加している各大学に分配されるのが300万円**。それを強化費としていただくわけですが、私たち青学大チームが箱根駅伝に復活した当時、その額はわずか1

00万円ほどでした。

**強化費が高いか否かという問題ではなく、箱根駅伝に見合っているお金はいくら程度で、その利益をどこが吸い上げているのかをまずあきらかにすべき**でしょう。

そのうえで、見合う金額に達していないのであれば、分配金を上げてもらう努力をすべきです。ようするに、きちんとテレビ局などと交渉をしているのか、という話です。

ちなみに**私は、1チーム3000万円いただいたとしても、何らおかしくないくらいの価値が箱根駅伝にはあると考えています**。

関東学連は、法人格を持たない互助会組織なのですから、利益が上がれば、その分は加盟している団体に返還してしかるべきでしょう。ところが、挙げ句の果てに、**学連主催の大会に出るたびに学生から申し込み料を取るのです。その他に、もちろん会員費も納めています**。これも、ものすごくおかしな話だと思うのですが……。

もしも私が関東学連の会長だったら、もっとしっかり日本テレビと交渉して、分配の金額を増やしてもらうようにするでしょう。

こういうことを話すと、すぐに「お前は金儲けのために駅伝をやっているのか」と周りから非難されますが、そこからして議論がかみ合っていません。そのお金を私の懐に入れれば問題ですが、分配されるのは強化費です。つまり、選手の一助になるのです。

いまだにお金の話をすることがタブーのように言われるのは、むしろ時代に即さないのではないでしょうか。

先に述べたように、私はかつて営業マンでした。何をするにしても、資金が必要です。現に、連盟に「もっと強化を頼む」とお願いしても、「いやあ、お金がないんですよ」と言われてしまいます。

だったら当然、自分たちで稼ぐ努力をしているのか、という話になるでしょう。根本には、責任の所在が曖昧で、誰も責任を取らなくてすむ構造にある。そこに、大きな問題点があるように思うのです。

関東学連にそうしたお金のことについて話を聞いたところ、「ちゃんと税金を払っていますから」と真顔で返答されたときには、私との感覚の違いに唖然《あぜん》としました。だから、私は関東学連にはっきりとこう言いたいのです。

「あなたたちは学生から収益を巻き上げ、税金を支払う組織ではないのだ！」と。

## ハチマキ、手袋に学校名を入れてはいけない

では、どのようにして収益を上げればよいのか。

そのことに対しても、私なりの答えを用意しました。

青学大を例にとれば、箱根駅伝の第97回大会から、ユニフォームに「妙高市《みょうこう》」のロゴを入れています。スポンサー規定に変更があり、私たちが1番バッターとして、それにいち早く反応しました。いままでは順天堂大や中央学院大なども行政とタイアップしていますが、それに先駆けて、いつも合宿などでお世話になっている自治体に、私たちが恩返ししたいということで申し出たのです。

問題は、どうしてもっと早く、スポンサーとの契約ができなかったかということ。じつはこの改正も、関東学連が主体となってできたものではなく、世界陸連（世界陸上競技連盟）がスポンサー契約を認める方向性を示したので、ただそれに追随しただけなんですね。

そうではなく、箱根駅伝というのは関東学連が主催の大会なのですから、私たちが中心となってルールづくりをすべきなんです。駅伝はいまのところ日本ローカルの競技なわけ

ですから、**ゼッケンスポンサーを２社なり、３社なりどんどん募って、自前でお金を稼ぐ文化を先駆けてつくればいい**のです。

私は10年以上前からこのことを言い続けていますが、いまだに実現する気配すらありません。すべて却下で、むしろいまは規制が厳しくなる傾向にあります。

たとえば数年前のこと、**ハチマキや手袋に「青山学院大」と校名を入れるだけでもダメ**だと言われました。「メーカーロゴはひとつだけ」という関東学連が決めた商標規則があり、それに該当するからです。でも、大学名をハチマキに入れることの何が問題なのでしょうか。

高校駅伝で○○高校と名前を入れたらそれもダメになるのでしょうか。箱根駅伝でダメだからという理由で、それがスタンダードになってしまったら、むしろ高校の指導者たちは皆、困るのではないでしょうか。わけのわからないルールにただ従うのではなく、ここだけのルールを決めていきましょうと提言したのですが、それもあえなく却下されました。

そのときのことは忘れもしません。初めて箱根駅伝で青学大が優勝して、「ついに意見を言える権利ができたぞ」と、満を持してそうしたことを訴えたんです。

でも、皆さんシラーっとしている。**「別に私のことが嫌いでもいい。本当に陸上界の未**

**来を考えて意見してください」と、そこまで私は言いました。**

前例をかたくなに守ることに、いったいどんな意味があるのでしょう。自分たちの大会なのに、自分たちでクビを絞めてどうするのか。もっと陸上界を華やかにしていきたい、と私は思うのですが……。

何か提案しても、すぐにこんな規制があると、ダメなほうの理由を持ちだしてくる。そのたびに、私はむなしい気持ちになります。

## 利点しかない箱根路の区間増と〝真〟の全国化

箱根駅伝の改革案について聞かれて、以前にこう話したことがあります。

もうひとつ、**距離が10㎞くらいの短い区間を増やして、往復12区間で競っても面白いのではないか**、と。

その案は、いまでもやってみる価値があると思っています。

区間を増やすと、どんな利点があるのか。

まず、当事者人口がそのぶん増えます。走るランナーの家族であり、ファンであり、関係人口が増えますよね。それに、距離が短い区間を入れることで、〝箱根ディスタンス〟と呼ばれる20㎞の対応がちょっと難しい中距離選手の強化も、そこでできるわけです。

別に10区間でなければダメという決まりはないから、往路復路で12区間にしても、私はプラスしかないと考えます。

距離が増える分、もちろんコースも延びますが、**箱根からそのまま南西の湯河原《ゆがわら》のほうまで延伸してもいい**し、そうすれば新たに沿線となる地域の人たちも喜ぶのではないでしょうか。

それともうひとつは、**箱根駅伝の全国化**。

これにも私は賛成です。以前から主張しているように、こうすることで3つの利点が考えられるからです。

ひとつは、指導者の確保。

**箱根を目指す大学が増えれば当然、そこには指導者が必要となります。それが、ひいては陸上界の雇用拡大につながる**はずなのです。

ふたつ目は、地方の故郷再生。

いま、箱根駅伝に出られるのは関東学連に所属する大学だけですから、それを目指して大勢の高校生が、地方からこの関東圏にやってきています。その子たちが卒業後、地元に帰るかと言えば、必ずしもそうではない。東京文化になじんでしまい、なかなかUターンしないのです。

しかし、**地方の大学からでも箱根駅伝を目指せるとなれば、最初から関東圏には行かず、地元の大学へ進学するケースも出てくる**でしょう。そうなれば、親御さんや地域の人たちも喜ぶはずです。「わが街から箱根駅伝に出場する大学が出たぞ」となれば、甲子園出場と同じで大いに盛り上がると思いませんか。

そうすると、これが3つ目となりますが、ファンも増えるはずなんです。

地元出身、育ちの○○君が出ているとなれば、いままで箱根駅伝を見てこなかった人も、その選手を応援しようと新たに興味を覚えることでしょう。地元でヒーローが生まれれば、陸上を志す文化も、その土地に生まれます。すると、野球やサッカーではなく陸上を選ぶ気運も出てきます。

この3つの視点から、私は箱根駅伝の全国化をやるべきだと考えているのです。

## 全国化のカギとなる関東の大学への優遇措置

何度も述べてきたように、箱根駅伝は非常に人気の高いコンテンツです。

ところが、テレビの視聴率は関東と関西では10％程度差がある。もちろん関東が上です。やはり地方だと当事者意識が持てないのでしょう。

次回の箱根駅伝は100回大会であることを記念して、地方の大学でも予選会に参加できることになりました。従来の参加資格は関東地区の大学だけだったのが、今回に限り「日本学生陸上競技連合男子登録者」であれば参加資格を得られるというように規則が変わったからです。

ですが、**今回のこの措置は、私が唱える全国化とは似て非なるもの**です。

なぜなら、この特例措置は1回限り。次の101回大会では従来通り、「関東学生陸上競技連盟男子登録者」にのみ参加資格が与えられるという流れになっています。

つまり、全国化と言っても、地方の大学が予選会に挑戦できるのは1回だけ。この**たった1回のチャンスを狙って、どこの大学が本気の強化を試みるでしょうか。**

そもそも全国化の方針を決めたのは2022年の7月くらい。すでに、2023年4月入学予定のスカウト活動はほぼ終わっていて、箱根駅伝に向けた新戦力の確保は難しい時期でした。箱根駅伝は短期決戦ではありませんから、長期的なプロセスが不可欠なのも、本書で説明した通りです。ですから、せめて3、4年前に発表をしないと、地方の大学が強化を図るのはとても難しいと言わざるを得ません。

いま、**高校生長距離ランナーの全国ランキングで100位以内にいる選手は、ほぼ全員が関東へ来ています。地方とはそれだけの差が最初から存在する**のです。多くの識者が今回の措置を「茶番」と称するのはそのためです。

なぜ、恒久的な全国化に踏み切れないのか。

考えられるのはおそらく、「全国化すると自分たちが出られなくなる」と、いくつかの関東の大学が危機感を抱くからでしょう。

しかし、そのような仲間内の損得勘定を優先すると、いつまで経っても改革には踏み切れません。ですから、たとえば全国化しても、最初の10年間は関東の大学に出場優先権を与えるというのもひとつの手です。

わかりやすく説明しましょう。

現状、20の大学チームと関東学連選抜の1チームのみが箱根駅伝に出られます（100回大会での学連選抜チームは廃止）が、全国化するに当たって、出場できるチーム数を仮に25に増やすとします（学連選抜チームは廃止して）。

シード校は従来通り10校、予選会から15校が出場できることにすれば、出場枠は増えます。ですが当面は、地方の大学が仮に予選会の1～7位を独占したとしても、5位までしか出場できないルールにするのです。そうすれば、関東の大学は少なくともいままでの20チームには出場権が得られます。

現状はおそらく、地方の大学も強化にはある程度の時間が必要でしょうし、その間は関東の大学からいまよりプラス5校、出場のチャンスが増えるのですから、みんなにとってハッピーだとは思いませんか。

ようするに私が言いたいのは、**第100回大会以降も継続して地方に門戸を広げるべきだ**ということ。もし、毎回全国化するのが難しいというのであれば、せめて5年ごと、いや大学スポーツは4年周期ですから、4年に一度だけは全国化しますというルールに変更すればいいのです。

オリンピックと同じ4年に一度。決してできなくはないでしょう。

## 私がもし同志社大学陸上部の監督だとしたら

私も陸上界に身を置いて20年、改革に手をつけたがらない業界の体質がよくわかってきました。議論するのは枝葉のことばかりで、構造的な改革には誰も手をつけようとしません。

もっと箱根駅伝を盛り上げていくにはどうすればいいか。私はそうした視点から意見を述べているのです。ところが、そう言うと、いまだに「全国化と言っても地方から参戦するのはお金がかかる」とか、「選手がいないから勝てるわけがない」といったように、否定的な意見ばかりが出てきます。

現状はたしかにそうかもしれません。ですが、少子化で若年層の競技人口がますます減りゆくなか、何もしなければ陸上界の未来は先細るばかりでしょう。

なぜ危機感を持って、先に手を打とうとしないのか。なぜ陸上界全体の発展について、もっと真剣に考えようとしないのか。**前向きに考えれば、地方の大学が勝つ可能性だって十分にあるんです。**

地方から関東の予選会に行くのは、たしかにお金がかかります。でも、もし**予選会を突破できれば、これまで以上の寄付金が全国にいるOB、OGたちから集まるはずです。少子化で受験者自体が減るなかで、大学の志願者の数だって増える。大学の偏差値まで上がる可能性があるん**です。

たとえば、私が関西の同志社大学の陸上部監督に就いたとします。

新たにスカウト活動を頑張り、力のある外国人留学生を入れて、5年以内に予選会を突破してほしいと言うのであれば、十分にその絵は描けます。私自身に学生を勝たせるためのノウハウがあるので、予選会を突破するのはそう難しい話ではないのです。

そもそも関西には、優秀な長距離の高校生がたくさんいます。ところが、それがいまは全員関東の大学に来ているわけです。そこで、もし青学大と同じ受験の偏差値レベルで、しかも同じミッション系の同志社大から箱根駅伝を目指せるのであれば、地元にとどまりたいという学生もいるはずなんです。

地元の大学に通ってくれたら、親御さんの負担も軽くなる。**全国化で指導者の数も増えて、お互いが切磋琢磨《せっさたくま》するわけですから、必然的に指導者レベルも上がっていく。**大学の組織だって努力が必要なので、環境はいまよりよくなるはずです。

だから、自分たちの損得勘定ではなく、全体のメリットデメリットを考えて、どちらがトータルとして有効なのかを考えてみるべきなのです。

当然、関東学連内で損をする方も出てくるでしょう。しかしながら、全体として得をするなら、その方向性を議論すべきです。

忘れてほしくないのは、**全国化の実現は私たち青学大にとっても不利だということ。地元にとどまりたいという学生をスカウトできなくなるのですから、戦力はいまより大幅にダウンする**でしょう。

「わざわざライバルを増やすこともないのでは?」と思われるかもしれませんが、それ以上にこの陸上界を盛り上げたい気持ちが私にはある。さらなる発展のために何をすべきか。そのことを私はつねに考えているのです。

## 関東学連選抜チーム廃止問題の本質

箱根駅伝の第100回大会については、関東学連選抜チームが組まれないことでも話題になりました。

それに対して、プロランナーである川内優輝《かわうちゆうき》選手が否定的な意見をX（旧ツイッター）でポストしていました。決定のプロセスに疑問があるのは私も同感です。**連合チームを編成する、しないはともかく、どのような議論がなされて廃止に至ったのか、その過程はオープンにすべき**です。

まさにこの件も、密室談合体質と非難されても仕方ないことだと思います。

ただし、こと学連選抜チームの編成については、私個人としてはあまり肯定的ではありません。なぜかというと、**箱根駅伝は別の言い方をすると「大学対抗レース」なのです。その意味合いで言えば、選抜チームを組むよりは、もう一校大学が参加できる枠を広げるべき**だと思うんですね。

選抜制度が始まった２００３年の第79回大会当時は、予選で落ちたチームから選手を１名ずつ出し、経験を積んでもらおうという意図がありました。箱根駅伝のよさをじかに感じて、次は単独のチームで出場できるようにという、励ましの意味合いから始まったのです。そこからもう20年の歳月が経ちました。その役目は、そろそろ終えてもよいのではないかという話です。

夏の甲子園野球でも選抜チームがないように、やはり単独チームで出るからこそ、選手も母校のたすきがつながってうれしいと思うはずです。

ですから、次に取り組むのは、普及の面だと私は思います。それで言えば、「関東学連選抜」ではなく、「全国学連選抜」にするのであれば話は変わってきます。全国の大学には、まだまだ箱根駅伝の魅力が伝わっていませんから、そこを巻き込んでの話であれば、議論する価値があるでしょう。

もちろん、学連選抜チームの編成に、肯定的な意見があるのも理解しています。

現に私たち青学も、かつてはそこを目指してやっていました。2005年の第81回大会から2008年の第84回大会まで、4年連続で選手を関東学連選抜チームに送り込んで、最後は監督としてもかかわりましたから。

2008年、関東学連選抜の監督として、初めて運営管理車に乗り込み、間近に沿道からの声援を聞いて、「やはりすごい大会だな」と思ったものです。次こそは単独チームで出るぞと、気持ちを新たにした4年間でした。

と同時に、なぜこれほど優秀な選手が集まって、いつも学連選抜チームの順位が下位なのかと不思議に思ってもいたのです。

**私が監督を務めた第84回大会では、学連選抜チームが過去最高位の4位と大躍進を果たしました**。あの頃を振り返ると、自分が監督として箱根路を駆けていることに、ものすごくワクワク感がありました。

任された以上は、きちんと仕事をまっとうしたい。それが私のモットーですから、学連選抜チームが勝てるように、さまざまな改革を短い期間で行ったのです。

ようするに、学連選抜は寄せ集め集団ですから、その弱みはチームとしての一体感に欠けること。であれば、それを高めるために合宿をして、連絡網もつくって、自分たちでこのチームをどうしたいか話し合いなさい、というように仕向けたのです。

学生たちにグループディスカッションをさせて、オリジナルのチーム名も考えさせました。**青学でやっていることを、そのまま学連選抜にも応用したところ、寄せ集めの集団が過去最高位の4位までジャンプアップした**のです。

その反面、いまも同じだけのことができるかといえば、そうはならない。やはり、箱根駅伝を青学大という単独チームで走って、そこで得られる楽しさ、喜び、悔しさを知ったからでしょう。校名の書かれていない、学連選抜の真っ白なたすきをつなぐよりは、大学のたすきをつないだほうが、喜びは格別に大きいのです。

## 箱根駅伝をさらに盛り上げる〝秘策〟

箱根駅伝について、私はこんなことも考えます。

先にも述べましたが、箱根駅伝にはたくさんのスポンサーがついています。もちろん、ファンの数もケタ違いです。

ですから、関東学連の関係者や各チームの監督は、もっとスポンサードを意識して、箱根駅伝を支援していただいているスポンサーの皆さんをおもてなしするくらいの心意気が必要なのではないでしょうか。

たとえば、**箱根駅伝の前夜祭、後夜祭といったことを、派手にやってみるのはどうでしょう。学生たちが中心となって、地域の方たちと交流しながら、お祭りをつくりあげていく。それがもしかしたら、地域振興の起爆剤になるかもしれません。**

もし私が前夜祭や後夜祭を取り仕切るなら、どこかホテルの大宴会場を貸し切って、事前の登録制でやります。会費をいただいても、一定数のファンは来てくれるはずです。大会の表彰式も、現状は関係者だけが集まり、静まりかえった会議室でやっていますが、ショーにしたほうが絶対に盛り上がると思います。芸能人やアーティストを呼んで、みんなで盛り上がったら楽しいじゃないですか。

一般客を入れて、ファン対応の写真撮影会を設けて、活躍した選手たちがスポットライトを浴びる。選手と応援してくれるファンとのあいだで、コミュニケーションがとれる。それが本来のあるべきスポーツイベントの姿だとも思うんです。

箱根駅伝のレースが終了したら、主催団体である関東学連が音頭を取って、後夜祭をやってもいいと思います。駅伝ファンとの触れあいの場、あるいはスポンサー企業との懇親の場を用意する。いわば、ゴルフのプロアマ大会のようなものです。

そこにはちゃんと選手たちが参加して、懇親イベントを行い、スポンサーの皆さんを接待する。そういうイベントが駅伝にあっても、私はいいと思います。

実際に青学大は、箱根駅伝が終わったら必ず報告会を開きます。

過去には大学ＯＢで俳優の高橋克典《たかはしかつのり》さんが来たり、郷《ごう》ひろみさんが来てくれたこともありました。あれは２０１９年、５連覇を目指した「ゴーゴー作戦」で負けた年でしたが、選手は喜んでいました。おそらく、**優勝報告会を派手に行ったのも青学大が初めて**だったと思います。

やり方はどうであれ、**いまの人気にあぐらをかいているだけでは、箱根駅伝といえども衰退はまぬがれません。そのときは、陸上競技も道連れとなる**ことでしょう。

ですから、そうならないよう、新しい取り組みをもっと考えるべきですし、いくらでもやれることはあるはずです。

## 「MARCH対抗戦」というアンチテーゼ

まだ一般の方にはなじみがないかもしれませんが、2021年に「MARCH対抗戦」という新たな長距離種目の大会をつくりました。

明治大学、青山学院大学、立教大学、中央大学、法政大学のそれぞれの頭文字を取って、陸上10000mの「5大学最速最強」を決める大会です。毎年11月に開催して、2023年で3回目になります。いままでの陸上大会にない華やかな演出が学生たちに好評で、年々盛り上がりを見せています。

**なぜ私がこの大会をつくったかというと、既存の大会へのアンチテーゼがあった**のです。

これまでは同じ時期に関東学連主催の10000mの記録会が行われていたのですが、そもそも記録を狙うためのレースなのに選手本位ではありませんでした。

選手が走りたいペースの組があっても、柔軟に組変更ができず、関係者は長い時間競技場にとどまっていなければなりません。結果、同じ競技レベルで競い合うことができず、平凡な記録に終わるということがよくありました。他にも演出が地味だったり、モチベーションを上げたりする点で不満があったのです。

ならば、自分たちで大会をつくればいいじゃないかと思い、私が学生と一緒になってイチからつくりあげたのが「MARCH対抗戦」なのです。

他のスポーツで言えば、ラグビーや野球は決まった大学でリーグ戦を行い、大いに盛り上がっています。ところが、陸上にはそうしたリーグ戦がありません。

そこで、MARCHという新たな枠組みを考えて、各大学に声をかけました。どうせやるならいままでにない大会にしたいということで、演出をうんと派手にして、レーザービームでライトアップしたり、芸能人にゲストで来てもらったり、学生が喜ぶことをドンドンやっています。

**最初は各大学の監督や選手も不安はあったでしょうけど、私たちがすべてお膳立てして、いざやってみたら好記録も連発**しました。各大学の応援団が足を運び、トラックのすぐそばでチアリーディングの皆さんが一生懸命応援してくれるのですから、学生たちのモチベーションはいやがうえにも上がります。出場する組の変更も自由に認められているので、選手は走りやすかったでしょう。

大会創設時から、GMOインターネットグループ代表の熊谷正寿《くまがいまさとし》さんにお願いして、スポンサーにもなっていただきました。大会はインターネットテレビの「ABEMA」でライブ中継されて、認知度も一気に高まりました。

これを10年、20年と続けていけば、いずれ箱根駅伝の前哨戦としてますます注目される大会になっていくことでしょう。なんとかこの大会に入れてくれないかと、いまでは他の大学からも申し出があるくらいです。

この大会が成功したのは、青学大だけで盛り上がるのではなくて、「MARCH」というブランディングをつくったことでしょう。互いに利害関係が一致するところを探して交渉すれば、物事はうまくいくものなのです。

この大会は、優勝賞金として30万円がチームに、トップのタイムを記録した学生や、学生標準記録を破った選手にも報奨金がちゃんと出ます。そして**参加費はタダです。関東学連主催の10000m記録挑戦競技会や箱根駅伝の予選会に出場するにも参加費が必要ですから、そういうところで他と比較しても、いい大会といえる**でしょう。

私たちだけでもこれだけできるのですから、既存の大会はさらに演出を工夫するなどして、陸上の価値を高めてもらいたいものです。

## 楽天やDeNAの成功から学べること

プロ野球に比して考えると、私たちは球団で、親会社を大学にたとえることもできます。

これまでは、プロ野球チームは単体で儲からなくても、親会社の補塡で成り立っている構造がありました。極端な話、それだと球団は努力しなくてもいいわけです。

ところが、楽天やDeNAなどのベンチャー企業は、球団単体でどうやったら収益を上げられるかを考えた。グッズの販売であったり、球場のエンターテインメント化、観客をいかに満足させるかという「お客様ファースト」の考えで球場を運営したのです。だから、両球団とも人気が高まりました。

2023年の夏、私はプロ野球のオールスターゲームを見るために、ナゴヤドームに行ってきました。ところが、あの球場にはお客様目線の施策があまり感じられませんでした。座席は狭いし、カバンも置けない。ビールを買って、食べ物を買って、いったいそれをどこに置いたらよいのでしょう。

**まるで陸上の競技会にでも行っているような、観客席になんの演出もなくてがっかり**しました。お客側が正座をして、野球を見させていただくという構図にしか感じられなかったのです。

これがプロ野球界に根づいている、昔からの慣習なのでしょう。

私たちが所属する関東学連もやはり同じ構造です。アマチュアスポーツは補助金頼みの運営で、どうやって収益を上げるか、ファンを楽しませられるか、そういった視点が欠けているんですね。ですから、努力をしない、チャレンジをしない。いつまで経っても同じ役員が居座り続けるだけなのです。

いま、DeNAの収益構造は大きく変わったといわれます。お荷物だった球団運営が、大きな収益を上げる宝物になった。そういったように、陸上界のレースも変わっていけるといいなと考えています。

正直なところ、いまは変わる未来が見えません。意見するのすらむなしく感じるときがあります。役員が替わらない限り、どれだけ声を上げたところで、関東学連の体質が変わることはないでしょうから。でも、言わないとノーチャンスなので、**どれだけ冷たい視線で見られようが、陸上界の底上げのため、声を上げ続けている**のです。

## 「陸上界の大谷翔平」は生まれるのか

日本の陸上界に、メジャーリーグで二刀流で活躍する大谷翔平選手のようなスター選手が生まれる可能性はあるのでしょうか。

陸上人気を高めるには、やはりスター選手の登場が欠かせませんので、そんなことを考えてみたいと思います。

まず、日本の野球界からなぜ大谷選手が生まれたのか。そこに答えを導くヒントが隠されているように思います。

やはり、野球というスポーツは日本で圧倒的な人気です。いまはサッカーに抜かれたかもしれませんが、それでも日本の各地に野球場があります。すそ野が広いということは、それだけいい素質を持った子が集まりやすいということでもあるのです。

逆にいま、子どもたちの人気順でいえば陸上はずっと後ろのほう。素質にすぐれた子が集まりにくい状況です。ただ、やはりマラソン復活のためには、身体能力の高い子に陸上を選んでもらわないといけません。世界のトップを目指すなら、ベースの能力は高ければ高いほどいいわけですから、そこがひとつのカギになります。

では、どのようにして日本で一番素質の高い子に陸上を選んでもらうか。

それにはやはり、陸上界をもっと盛り上げて、華やかな世界にしていくことが欠かせないでしょう。なぜ子どもたちがサッカーや野球を選ぶかといえば、それは将来、ちゃんとお金が稼げる道につながっているからです。**よく美談のごとく「人生はお金じゃない」などと言いますが、お金が稼げるから野球を選ぶ。そこを間違えてはダメ**だと思います。

陸上に大金を稼ぐ夢がないのであれば、それをつくるしかありません。そのためには、マラソンの登竜門である箱根駅伝を盛り上げていく。箱根駅伝の魅力を高め、まずは子どもたちに長距離を選んでもらうことが肝心です。

地道なようですけれど、陸上界に大谷を生む可能性はそれしかないのです。駅伝文化をより盛り上げて、スポンサーを1社でも2社でも増やすこと。資金の流れをよくして、陸上グラウンドの数を全国で増やしていくこと。子どもたちが手軽に走れる環境をつくることが、未来のスターを生むための土壌になるのです。

## 「今週、サッカーの試合があるからダメ」

陸上をもっとメジャーな競技にしたい。

もっと華やかで、夢のある世界にしたい。

前項でも述べたように、ずっとこう思い続けているのですが、現実は厳しいと言わざるを得ません。

私の実感ですが、陸上競技場の数は増えているどころか、むしろ減っているという印象があります。現に私たちのチームの寮がある町田市でも、芝生のある競技場を見つけ、練習で走らせてほしいとお願いしたところ、「今週、サッカーの試合があるからダメ」だと言われてしまいました。

「そもそも、こちらのスタジアムは陸上競技場ではないのか?」

「トラック&フィールドを含めて、この施設を使う権利はあるはずなのに……」

そう問いかけましたが、残念ながら「うちはサッカー専用のグラウンドで、陸上はお断り」と言われてしまいました。

おそらく、そんなふうに全国のスタジアムが変わってきているのだと思います。

**近くに走れる場所があるというのは、陸上を普及させるうえで、非常に大きなポイント**ですから、トップの日本陸連がもっと積極的に交渉にかかわって、陸上のできるスタジアムを全国に増やしてほしいと思うのです。

何もそれは、立派なものでなくてもいいのです。

東京オリンピック2020で建設された新国立競技場にしても、あれだけ大きくしてしまったら陸上で人を呼べません。国内の陸上イベントでどれだけ観客を呼び込めるか。その現実を考えれば、5000人規模の競技場で本来よかったのでしょう。その代わりに、しっかりと選手がウォーミングアップできるサブトラックを常設するなど、陸上に特化した競技場にすればよかったのです。

テレビで中継されても、5万人のスタジアムに5000人しか入っていない状況では、閑古鳥が鳴いているようにしか映らないでしょう。ところが、5000人のスタジアムなら、さすがに満員になりますから、観戦も盛り上がりますし、テレビを見ている人にも熱気が伝わるはずです。

規模を縮小すれば、必然的にトラックと観客席との距離も近くなるし、選手にとっても歓声が大きな励みになるはずです。

そういったちょっと個性的な陸上競技場をつくろうと、どこか実業団のチームが手を挙げてくれないでしょうか。

先ほども説明したように、野球であれば、楽天やＤｅＮＡが経営権を握ったことにより、球場の運営が劇的に変わりました。かつてはテレビの放映権販売で成り立っていた球団運営が、球場に足を運ぶファンが増えたことで、チケット収入やグッズ販売でより大きな利益を上げられるようになったのです。つまり、**親会社からの補塡で成り立っていた収益構造から脱却して、球団運営そのものが利益を生み出す体質に変わった**わけです。

成功のカギは、球場をエンターテインメント化して、観客をどう満足させられるかという、お客様ファーストの目線に立ったことでした。こういう運営を見習えば、陸上競技場の未来にも明るい兆しが見えてくるように思うのです。

陸上人気は停滞気味でも、趣味で走る人は増えています。ランニングは文化として日本に定着しましたから、そのファン層を開拓しない手はないでしょう。

**陸上界のホリエモンが、いまこそ求められている**のです。

## 〝最後の武器〟となるハングリー精神

組織としての問題だけでなく、子どもたちの可能性についても指摘したいと思います。

**最近の子どもたちを見て思うのは、遺伝子レベルでの人間の進化**です。

私たちの時代より、子どもたちの平均身長は伸びていて、膝下の長さも昔と比べて長い子が多い。いまと昔では食事も異なり、栄養が行き届いてきたのでしょう。

おそらく、正座文化がなくなってきた影響も大きいと思います。私たちが子どもの頃は、畳の上で正座をしてご飯を食べるのが当たり前でした。ところがいまは、正座をする機会もなくなり、生活様式が洋風に変わってきている。足の負担を考えれば、それはいいことなのです。

選手の平均レベルも上がってきており、これはインターネットの普及が大きな要因と思われます。トレーニングの方法に限らず、医療情報もいまは関心さえあれば自分でいろいろ調べられます。人間はやはり目で学びますから、世界の一流ランナーの走りがいつでも動画で見られるのはプラスでしかないはずです。

**いま、世界の長距離界をリードするのはケニア勢ですが、これから先を考えたとき、ケニア人だけがタイムを大幅に伸ばし続けることはなくなる**と思います。発展途上だった国が豊かになり、恵まれた環境になってくると、やはり精神部分でのハングリーさが失われるはずなんです。

すでにケニアでも生活道路のアスファルト化が進んで、裸足で走る文化がなくなりつつある。その結果、地面を足の指でつかむ力は、相対的に弱まっていくでしょう。

また、とりわけ長距離に関しては、ハングリー精神が非常に大きな要素だと私は考えているので、環境がよくなることは必ずしもケニア人長距離ランナーにとっては歓迎すべきことではないのかもしれません。

いままでは水を汲みに行くために何km《キロ》も桶を担いで歩いていたのが、下水道が発達することによって動かなくなる。食糧事情もますますよくなって、体型もふくよかに変わっていくでしょう。**実際に、ケニア人選手が日本へ来て、お酒の味を覚えた途端に弱くなるという例をいくつも見てきています**。その発想で言えば、日本人もハングリーさを持っている選手は強いということが言えます。

練習でも、負けたら「くそっ！」と思う。根の部分の生き様で、ハンデを背負っている子は強いです。貧しい環境で育って、「走りで人生を変えてやるんだ」という思いを持った子は、とくにスポーツの世界では伸びていきます。**ケニア人、日本人にかかわらず、ハングリーさは強い選手には欠くことのできない資質**なのです。

# 第5章

# 走りながらでも「壁」は壊せる

## 学生が世界と戦う前にすべきこと

青学大はこの9年で、4連覇を含む6度の箱根駅伝総合優勝を果たしました。箱根駅伝で勝つためのメソッドを確立したのなら、今度は世界を相手に勝つための理論を導いてほしい。そんな声が耳に届くことがあります。

ただ、正直なことを言えば、いまの私の立場でそれをやる必要はないように思うのです。本来、私は箱根駅伝で勝つために呼ばれて、預かるのは大学4年間で強化する選手たちです。**4年間という限られた時間で、20歳前後の学生たちを世界の舞台へ送り出すのは、ものすごく難しい**ことなのです。

なぜなら、その年齢というのは25歳前後の実業団選手と比べると、少し能力が劣るからです。それでも勝てというのは、まさに「勝利至上主義」につながると思いませんか。

もちろん、世界を目指して強化をするということ自体、決して悪いことではありません。ただ、**大学の講義を欠席してまで強化合宿を行ったり、疲労から授業を休み単位未達にな**

**ったりするようでは、いったい何のために大学に進学したのか、まさに本末転倒**ではないでしょうか。

ですから、学生の4年間は、のちに世界と戦うためのベースづくりと割りきればいいのです。しっかりとした土台を築き、実業団に進んでから世界を相手に闘ってほしい。だからこそ、できればその先に、**私たちの勝利のメソッドの上位互換に当たるような実業団のシステムをつくってほしい**のです。

よく「箱根から世界へ」と言いますが、その「世界」とは何を指しているのでしょうか。世界のトップレベルなのか、あるいはもっと漠然とした「海外全般」なのか、もし世界のトップを目指すというのであれば、学業優先の学生たちにとって、かなりハードルは高くなってしまいます。

あくまでも私の考えですが、**日本人が世界と戦えるのはやはりマラソン以外にない**ように思います。箱根駅伝は、そのマラソンのトレーニングとして決してムダではなく、ひと区間の距離こそマラソンの半分ほどですが、4年間しっかりとスピード持久力を強化していくことで、ベースの能力はかなり鍛えられるはずなのです。

それに、学生スポーツはあくまでも教育活動の一環ですから、つねに私は、学生たちが「考える習慣」を身につけられるよう努力しています。**どうすればより前向きに生きられるかとか、そうした思考づくりに重きを置いているのです。**

しかも、それが箱根駅伝においては、勝利へのプロセスでもあるのです。道徳観なくして、駅伝は勝てません。

時間を守る、寮のルールを破らない。だからこそ、早朝からきちんと全員が揃って練習ができ、互いを高め合えるのです。これらはどちらも道徳観ですが、それができない学生は走る力も身につかないのです。

たまに、「原さんは実業団の監督をしたいとは思わないんですか」という質問も受けますが、私にその願望はありません。父親が教育者で、子どもの頃から将来の夢は学校の先生になることだった、というのが根っこにあるのでしょう。卒業後に、まだまだ飛躍する可能性がある、そんな学生たちに指導するのが楽しいのです。

## 間違いだらけの陸連の陸上強化案

そもそも、**日本の長距離選手が国際大会で活躍できないのは、日本陸連の強化方法にも問題がある**と思っています。

問題はいくつかあるのですが、強化指定選手に強化費が十分に支払われていないこともそのひとつだと思います。さらに、強化合宿を行うといっても、どこを強くするのかというビジョンがあまり見えていないのです。そして、強化委員長が何をやっているかと言えば、ほとんどが事務方の仕事なんですね。

日本の長距離選手は基本、実業団に所属していますから、そこに監督やコーチがちゃんといます。序列で言えば、実業団の監督、コーチが先にありきで、日本陸連が練習計画を主導するわけではありません。

とくに女子選手は監督への依存度が高く、陸連の合宿で強化する機会もほとんどないわけです。ですが、せっかく日本陸連のなかに強化委員会があるわけですから、そこに優秀な人材を集めて、もっと本来の仕事をさせるべきなんです。

たとえば、**目標とするオリンピックに向けて、最低でも2、3年前からナショナルチームをつくる**とか。そこにスポンサーを募って、しっかりと投資をしてもらう。このナショナルチームに所属する選手たちには年俸を5000万円程度支払い、所属する実業団には出向という形をとってもらいましょう。そのうえで、日本代表監督のもとで最新の理論にもとづいた指導を行うのです。

さらに、国際大会で結果を出せば、報奨金を出せばいいのです。トレーニング機器やシューズ、食品、ドリンクなど、陸上と親和性の高い会社からスポンサードしてもらえば、報奨金の資金くらいはすぐに集まるでしょう。その過程で1億円プレーヤーが生まれれば、日本代表の価値はグンと上がるはずです。

もしも、オリンピックでメダルを取るなんてことになれば、陸上界はまたすごく盛り上がるでしょう。その選手は貢献者なのですから、さらなる報奨金も用意しましょう。そうすれば、いまよりずっと夢のあるスポーツになりますよね。

**「トリプルミッションの好循環」とはよく言ったもので、まず「資金」を確保し、それを「勝利」につなげ、最終的に「普及」が進んでいくというのが理想**なのです。

だからこそ誰が、どうやって資金を集めるのか、その責任の所在を明らかにしていくことが大切なんですね。先立つものがないと、やはり強化は進みませんから、それで私は何度も口酸っぱく稼ぐ手段を考えようと言うのです。

**私がなぜ、陸上界をこんなにも変えたいかというと、そこが自分の居場所だから**です。所属しているフィールドはやはり輝くものであってほしい。自分が頑張っている仕事を花形産業にしたいじゃないですか。陸上にかかわっている多くの人がそのような意識を持てば、きっと状況はもっとよくなっていくと思います。

## ニューイヤー駅伝の舞台は大阪が最適な理由

実業団チームに進んだ私の教え子から、こんな相談を受けることがあります。

「練習メニューについて、どういう意図があるのかと訊ねたら、指導者がイヤな顔をした」と。説明を求めた教え子の行為が、指導者に対する文句と取られたのでしょう。いまだにそんなふうに考える指導者がいるのです。

指導環境だけでなく、大学生活とのギャップに戸惑う声もよく聞きます。

青学大ではテレビのバラエティ番組に選手が出たり、メディアからの取材を受けさせたり、私がいろいろな演出をします。ですから、その華やかさとのギャップに戸惑うこともあるのでしょう。加えて、**箱根駅伝以上の魅力的な舞台にめぐり合えず、モチベーションを失って実業団を去るケースもいまだに多い**そうです。

実業団のほうが選手の実力も高いのに、そのステージに見合った華やかな舞台がないのは、選手にとってつらいでしょう。

元日に開催されるニューイヤー駅伝（全日本実業団対抗駅伝競走大会）。これが実業団で言うところの「箱根駅伝」に当たり、オリンピックや世界選手権を除いて、1年間でもっとも世間の注目を集める舞台です。

しかしながら、この大会は箱根駅伝ほどの人気や知名度がない。やはり、もっと魅力ある大会にするための、改革が必要なのではないでしょうか。

もし私が主催の立場であれば、開催地である群馬県の方には大変申し訳ありませんが、舞台を移すことを検討します。

たとえば、**コースを観光地である大阪に設定して、沿道に多くの人が集うシンボルストリートの御堂筋《みどうすじ》を走らせる。最後は商店街を抜けていって、なんばグランド花月をゴールにすれば、盛り上がること間違いなし**です。

なんばグランド花月がゴールなら、その劇場を借り切って、吉本興業の芸人さんを呼んで盛大な閉会式を催してもいいでしょう。そういう演出を本気で考えることによって、実業団もさらなる投資をしてくれるのです。

そのように、なぜ変わろうとしないのか。

やはり、ここにも構造上の問題があると思っています。実業団を束ねる組織がありますが、そこの役員はたいてい実業団の監督上がり。体育会系ですから先輩後輩の序列があって、スライドしてポジションにおさまっていく。彼らが気にするのは、実際の仕事の中身よりも建前のほうです。ここでも人材不足が深刻な問題なんですね。

繰り返しますが、**駅伝は世界陸連が認めるレースではありません。つまり、その影響を受けずに独自のルールをつくることが可能**なのです。やり方次第で、いくらでもショーアップできるのですから、もっといままでになかった発想で、箱根駅伝以上のコンテンツにグレードアップすることを望むべきでしょう。

## 実業団の選手は皆「プロ」である

もちろん、実業団にもいいところはたくさんあります。

まず、第1章でも触れたように雇用を生んでいること。大学生アスリートが卒業してからの受け皿になっているのは大きいです。ニューイヤー駅伝に出場するチームだけでも37チームあり、予選会に出場したチームを含めれば相当な数に上ります。**仮に毎年1社が1名採用するだけでも、生まれる雇用は50人以上。実際にはそれよりはるかに多いので、一定数の大学生が卒業後も陸上を続けることができる**のです。

企業がなぜ実業団チームを持つのか。それは、運動部の活躍が従業員の志気を高め、社内貢献に役立つからです。ニューイヤー駅伝で会社のロゴを背負った選手が活躍すれば、広告塔としての価値も上がります。

ただ、それで大きく売り上げに貢献するかと言えばそうではない。身も蓋もない言い方をすれば、それほど大きな期待はされていないのでしょう。

ただ、**陸上は必要な施設も多くはありませんし、駅伝に出場するだけなら、それほどの**

**人数もいりません。あまり期待もされていないから、毎年20位あたりをウロウロしていても、会社からは何も言われない**のです。つまり、監督も選手もそこまで責任を問われないということです。

ある意味、実業団はすごくいい仕組みではあるのですが、肝心の陸上の強化という面で言えばそれでいいのかという疑問は残ります。その**居心地のよさにあぐらをかいて、〝熱血〟からはほど遠い、サラリーマン監督が実業団には多い**のではないでしょうか。

その点、大学の指導者は違います。それこそ、選手たちと寝食をともにして、ぐっと入り込んで指導をしています。そして、箱根駅伝の優勝を目指して、ライバル同士が火花を散らす。私から見ても、情熱のある立派な指導者は多いと思います。

ひるがえって、実業団の監督でいま、名前が世間に知れ渡っている人が、いったいどれくらいいるでしょうか。

昔はそれこそ、瀬古利彦さんを育てたエスビー食品の中村清《なかむらきよし》さん、高橋尚子《たかはしなおこ》さんらを育てた積水化学工業、佐倉アスリート倶楽部の小出義雄《こいでよしお》さんといった名物監督がいて、彼らが世界でメダルを取るというところまで徹底して指導をされていました。

こういうことをいまの実業団の監督も本気になってやっていかないと、陸上部の社内的な地位ですら向上していかないでしょう。

いまは、箱根駅伝が長距離の最上位コンテンツになっていて、優秀な指導者がそこに集まっています。ですから実業団が特例を認めて、トヨタ自動車の田澤廉《たざわれん》選手を元駒澤大学監督の大八木弘明《おおやぎひろあき》さんが見たり、私がGMO陸上部で、教え子の下田裕太や岸本大紀を見たりしているのです。

実業団の監督も選手も、もっと危機感を持たなければいけません。

駅伝があるのは日本だけで、それゆえに実業団チームが存在する。選手はアマチュアでありながら、給料をもらって走ることができるのです。逆に駅伝がなくなれば、企業が支えるこの仕組み自体がなくなってしまいます。

**社会に出て陸上競技を続けている以上は、たとえ会社から給料をもらっているとしても、選手はプロとしての意識を持つべき**で、自身のキャリアを高める努力を怠ってはいけないのです。

## 世界へ近づくための唯一の「道」

私はいま、青学大の監督とは別に、実業団のGMOインターネットグループの駅伝ダイレクターを務めています。

じつは数年前、駅伝部をつくってくださいと、私が熊谷正寿代表に直談判をしたのです。日本の男子マラソンがまったく振るわず、陸上界を支援していただける方を探していた。話をしたら意気投合して、画期的な陸上部をつくっていただきました。

GMOと他のチームの何が違うか。

まずは、選手のサラリーです。陸上界の価値を上げようということが発端ですから、選手の給料も他よりずっと高い。自分がやりたいと思ったことに取り組める環境が整っていますので、選手は結果を出すことに集中できます。ある意味、アマチュアではなくプロの集団と言えるでしょう。

ただ現実問題として、なかなか世界相手に勝てません。なぜだろう、とつねづね考えています。先ほど、実業団の指導者は熱意が足りないのではないか、と述べましたが、じつはよい指導のノウハウを持った方もいるのです。では、何が足りないかと言えば、ひとつは選手のほうの覚悟かもしれません。

何度も言いますが、長距離は身体能力の差が大きい。指導力の差よりも、持って生まれた才能で決まってしまうケースが多々あるのです。

身体能力の高いケニア人を日本に連れてきたら、たいていは世界レベルの選手に育つ。それも、強化の仕組み、鍼灸《しんきゅう》などを含む医療体制、トレーナーの優秀さ、日本の指導力の高さを裏づける証左といえるでしょう。

身体能力に差があるのであれば、あとは努力でその差を埋めるしかない。かつての五輪メダリストたちが、とてつもない距離の走り込みで力をつけたように、**いまの選手たちにも〝狂気〟にも似た覚悟が求められる**のではないでしょうか。

日本がマラソンで勝つためには、ケニア人に勝たなければなりません。

しかし、その議論を始める前に、まずは現実を受け止めないといけないと思います。何度も言うのはつらい部分もありますが、日本人とケニア人では持って生まれた長距離の才能が違うのです。絶対能力が違うということを認めないと、そこから先の議論が進みません。長距離に適した体であるか否か。その観点においては、彼らのほうが間違いなく日本人よりすぐれているのです。

絶対能力が違うのですから、まともにやって勝てるはずがない。身も蓋もない言い方ですが、これはもう遺伝子の差なのです。とくに陸上は身につける道具がシューズだけ。身体能力の差がもろに出てしまうのです。

まだ日本がマラソン大国と呼ばれていた頃は、アフリカの選手は長距離をよく知りませんでした。そこにヨーロッパからエージェントがやってきて、トレーニングの方法を授けた。やがて走ることでお金が稼げることがわかると、一気にすそ野が広がったんです。走ることがケニア人の職業のひとつになったということですね。

もっとも日本も、プロ野球がなかったら、あれだけの数の選手が高校で野球を選びません。同じように、箱根駅伝がなければ、長距離の競技人口は一気に激減するでしょう。

陸上は、フィギュアスケートのように美しさを競う競技ではないので、競うところは体でしかない。そのうえで、どこを強化していくか。いま、盛んにスピードを強化しろ、スピードがないと太刀打ちできないと言われていますが、本当にそうでしょうか。

たしかにスピードを強化するのは大切ですが、私はそこで競ってもケニアの選手との差は埋まらないと思います。やはり現場重視で、熱を持った指導者がマンツーマンで選手を指導する。**スピード強化よりも、日本人の特性である勤勉さや粘り強さ、走り込んでなんぼという練習量を大切にしていったほうがいい**のではないでしょうか。

長距離の基本は、走り込み。

それを忘れてはいけないと思うんですね。

たしかに、身体能力では劣りますが、陸上のノウハウは私たち日本人のほうがよく知っています。栄養学にしても、医療分野にしても、これほど充実した施設がある国はそうそうありません。MRI検査がこんなに簡単に受けられたり、水道の蛇口をひねれば水が飲めたり、**環境の差はむしろ日本に分《ぶ》がある**のです。

だからこそ、ケニア人の真似をするのではなく、日本を拠点にしたトレーニングメソッドをいかにしてつくるか。日本がケニアに勝っているところを見つけて、そこで勝負していく。それが世界へ近づくための唯一の道だと考えています。

## 口先だけの〝ほら吹き〟にはなりたくない

私のもうひとつの顔として、一般社団法人アスリートキャリアセンター会長の肩書きがあります。

どういうことを行う組織なのか、初めて聞いたという人もいるでしょう。

これは、アスリートがそのキャリアを生かし、引退後のセカンドキャリアについても有意義なものにしてもらいたいという願いを込めて、2020年9月に立ち上げた社団法人です。

そこでまず始めたのが、ランニングクラブの活動でした。「絆ランニング倶楽部」をつくり、社会人ランナーを対象にした練習会を行っています。

なぜ、このような「クラブチーム」をつくったのか。それは、社会人ランナーが活躍できる場所をもっと増やしたかったからです。

じつはいま、**クラブチームは社会人ランナーの最高峰の大会であるニューイヤー駅伝に出場できない決まりになっています。予選会である東日本実業団駅伝には参加できても、**

**本戦には出場できない。そんなおかしな話がまかり通っている**のです。

なぜ同じランナーなのに、クラブチームが日本一決定戦に出られないのか。そう声を上げたくても、チームを持っていなければ「外野がごちゃごちゃ言うな」で終わりでしょう。であるならば、自分たちでクラブチームを立ち上げて、周りにも呼びかけてみようと思い立ったのです。

一定数、同じ意見を持った団体が増えてくれれば、きっと風向きは変わるでしょう。しかも、チームをつくれば、予選会の監督会議などに出席することが可能になります。日本陸連に加入するということは1票を持つことと同じですから、立場が変わってくる。**「傍観主義」ではなく、当事者のひとりになることで直接意見を届けられる**のです。

私が訴えたいのは、社会人ランナーが置かれた厳しい現実です。

実業団に所属していた選手が、「まだ走りたい」と思っているにもかかわらず引退を宣告されるケースがあります。指導者と意見が合わず、思うようにレースに出られない選手もいるのです。

もし、働きながら通えるクラブチームがあれば、もっと陸上を楽しんで走れることができるでしょう。結果的に、それが陸上人口のすそ野を広げることにもつながり、陸上界全体が盛り上がっていくように思うのです。

ようするに、**まだ陸上を楽しみたいという選手たちの要望に、社会が十分応えられていない現実がある**ということ。

実業団を引退して、目標もなく生活を送るより、会社で働きながら、休日はクラブチームで陸上を楽しめたほうがよほどいいのではないでしょうか。走ることを生きがいにして、さらに「ニューイヤー駅伝出場」という高い目標が描けたら、選手の夢は膨らむばかりでしょう。

そういう構造をつくりたくて、私は動いているのです。ただ、口先だけの〝ほら吹き〟にはなりたくないから、一つひとつ地道に実行しています。アスリートのセカンドキャリアを考えるのも本来は日本陸連の仕事だと思いますが、なかなか動いてくれないので私が手を挙げたのです。

青学大との指導のバランスをどうするのか、という声もありますが、うちの陸上部はいま、ある程度自律した運営組織になっているので、私がすべてに介入しなくても成り立ちます。組織をより成熟したものにするために、2023年には新たに専任のコーチも招きました。

このように、現場の指導の充実を図りながら、青学大陸上部をコアにした、さらなる活動の輪を外側に広げようとしているのです。

## 部活の指導こそが子どもにとって大事な入口

そうした陸上のすそ野を支えるのが、中高生たちの部活です。いま、この部活が変わりつつあるのをご存じでしょうか。

2023年4月から順次、中学校のクラブ活動の地域移行がスタートしました。これまで部活の指導を行ってきたのは教員免許をもった先生たちでしたが、地域がクラブチームをつくることで、指導者をどうすればよいのか、という問題が生じているのです。

その問題に対処するため、私は「部活メソッド」を作成しました。

**現場では、やはりいまだに昭和のスパルタ方式で子どもたちに教えている指導者がいますから、そうではない指導者を育成するための事業を興した**のです。

これまで青学大駅伝チームで培ってきた原メソッドを改良し、すでに教科書も作成しました。陸上の技術ではなく、指導とは何かという普遍的なことを学ぶための本です。

これも**なぜ、私が手を挙げたかというと、間違った指導がこれ以上、子どもたちの現場で広がってほしくないから**です。

教育のことで言えば、私は第1章で紹介した「サーバント型リーダー」として、選手の自主性を重んじながら組織運営をしてきました。おそらく、このスタイルで成功した、先駆者のひとりといえるでしょう。

こうしたコンテンツをより多くの人に体験してもらって、今度は自らの手で子どもたちを指導してもらいたい。お花やお茶の世界に流派があるように、「原メソッド」を伝えて、それを基本とした指導を、地域に根づくような形で普及させたいのです。

地域のクラブが指導者を募集して、仮に近所のおじさんが手を挙げたとします。そこで勘や経験を頼りに、パワハラまがいの指導をしてしまえば大変なことになってしまいます。もし体罰などがあれば、管理する行政が責任を問われる事態になるでしょう。

部活の現場に怒鳴り声が響くのではなく、笑い声があふれることを願い、私はいま、地方都市を飛び回っています。

## スポーツでお金儲けして何が悪い

これだけいろいろなことを実行に移し、そのうえでテレビのコメンテーターなども務めていると、「原さんは、いったい何人いるんですか?」と驚かれます。**「次は政治家ですか」とも聞かれますが、私は国民の税金で仕事をしたくありません。**そもそも派閥で群れたりするのが嫌いな私に、政治の世界は不向きでしょう。

いま、私がもっとも関心を寄せるのはどんなことだと思いますか。

それは、地域社会についてです。

2017年に早稲田大学大学院で学び、そこで平田竹男《ひらたたけお》教授に師事したことがきっかけとなりました。

まず教えていただいたのは、経験則のデータ化です。それまでは自分の経験則で指導をしていましたが、それをデータによって裏付けし、アカデミックな要素を取り入れることで、指導理論を文章化することができました。

たとえば、夏を制するものが駅伝を制する、といった意味のことを本書でも私は言い続けてきましたが、実際にデータを取って分析すると、箱根駅伝に出場する選手のほとんどが夏合宿の練習消化率が7割を超えていた。言葉が数値上でも実証できたのです。

このことによって、いわゆる「原メソッド」という勝利のコツをつかめた、私にとって非常に大きな転機でした。

さらに、平田ゼミではスポーツビジネスについて勉強し、スポーツが社会によりよい影響を及ぼすコンテンツになり得ることが、自分のなかで明確になったのです。

つまり、**スポーツは教育の一環で、教育でお金を儲けるなんてけしからん、というのがこれまでの常識だったわけですが、そうではなく、スポーツはビジネスのひとつであり、お金を生み出すこともできるんだという逆転の発想を学んだ**のです。

スポーツの現場で資金を手にし、それを勝利へと結びつけ、さらには普及へとつなげていく。その過程で地域社会を巻き込み、地域の活性化につなげていくこともできるわけです。

いままで陸上界という狭い世界で生きてきたと思っていましたが、これからはもっと広い世界へとつながっていける。社会を変える可能性があることに気づき、いまいる自身のフィールドが、これまでよりもずっと輝いて見えたのです。

平田ゼミではさまざまな肩書きを持った人たちと席を並べ、講師として教壇に立った方が語る異文化に接することで、私の見聞も広がりました。そのなかのひとりに、岡ちゃんこと岡田武史《おかだたけし》氏がいます。

## 岡田武史さんから学んだ地域再生のカギ

私はサッカーの元日本代表監督である岡田武史氏と親しい関係にあります。そうなるきっかけは、ゲストスピーカーとして彼の講義を聴いたことでした。

いま、岡田さんは愛媛県の今治市《いまばり》でサッカーチーム「FC今治」をつくっています。ただチームを勝たせるだけでなく、サッカーを通じて街づくり、地域の活性化にも取り組んでいる。今治の多くの人を巻き込んで、自前のサッカー専用スタジアム「今治里山スタジアム」までつくったのです。

**普通なら、スタジアムをつくったところで物語としては完成でしょう。ところが、彼はそれでよしとせず、畑をつくり、広場をつくり、ドッグランをつくって地域の交流の場とした**のです。今治という街は瀬戸内しまなみ海道でつながり、橋の向こうには広島県があります。そこまでサッカービジネスのフィールドとしてとらえている発想力に感銘を受けました。

さらに、岡田さんは地域の要望に応えて、「FC今治高等学校」という新設校の学園長にもなったのです。私よりも10歳も年上ですが、エネルギッシュな方で、大きな刺激を受けています。

私もいま、熊本県の水上村《みずかみむら》で「地方創生推進アドバイザー」になっており、微力ながら地域のために何かできないかと考えています。

なぜ水上村かといえば、熊本で陸上大会などが開催される際、そこを青学大陸上部の拠点として利用していたからです。

その縁で、ある日、村長さんからこんなお願いをされました。

「人口が2000人足らずの小さな村ですが、スポーツを利用した地域おこしを考えています。その手伝いをしてくれませんか」と。

実際に、村では標高1000m付近の高原に全長2㎞のクロスカントリーコースを整備したり、全天候型の300mトラックや、大駐車場やクラブハウスを備えた施設をつくったりして、村長自らがトップセールスで売り込んでいました。毎年1月には奥球磨《おくくま》ロードレース、10月には奥球磨駅伝が開催されていて、そこに私たちも選手を派遣していましたから、陸上の練習に適した場所であるのは確かです。

こんな小さな村でも、合宿の誘致や、駅伝の誘致を考えて、一生懸命にやられている。そこに共感したのです。最寄りの鹿児島空港からでも車で1時間半かかるところですが、それだけに素晴らしい自然が残っています。

ゆくゆくは岡田さんのように地域に信頼され、観光客をたくさん呼び込みたい。**この水上村から、私の地域貢献が始まる**と思っています。

## なぜ駅伝監督が温泉宿を購入したのか

そうした流れで、2023年の春、私は水上村にある温泉旅館「市房庵《いちふさあん》なるお」を購入しました。

「駅伝監督が、なんでまた温泉の経営者に?」

皆さんがそう驚かれるのも無理はありません。

ですが私は、**一般客に加えて、ここをアスリートの合宿などにも利用してもらえるようにと考え、旅館の運営に乗り出した**のです。

きっかけはやはり、水上村から「宿を運営してくれないか」と誘われたことでした。

宿を営むということは、地域で雇用を生むことにもつながり、さらには売り上げから税金も納めることができます。そのように複合的に社会貢献ができると思えば、断る理由はありませんでした。

宿の支配人には私の教え子である村井駿《むらいしゅん》を呼び寄せ、経営は彼に任せています。彼は2015年、青学大初優勝時のメンバーで、私の申し出に対し、勤めていた会社を退職して、支配人に転職してくれました。アスリート、サラリーマンといろいろな経験を積んでいるので、いい経営をしてくれるでしょう。

私は、ふるさと創生、地域おこしに関心があると述べましたが、これはいままでお話ししてきたこととすべてがじつはつながっているのです。

**箱根駅伝の全国化の話もそうで、根っこにはいまのような東京一極集中社会でいいのか、という疑問があります。もっと地域を盛り上げていかないと、日本社会は尻すぼみになっ**

**ていく**気がするのですね。

なぜ地域社会に関心があるかというと、私が広島から出てきた地方出身者のひとりだからです。地方と東京を比べると、経済、人口、教育、情報とさまざまな格差があります。それをどうにかして埋めていきたい。そこにこそ、日本の成長のカギがあるように思えて、「何かしたい」という湧き出てくる感情があるのです。

もちろん赤字になっては困りますが、あまり儲けようという気もありません。それよりも**地域に雇用が生まれることにワクワクします。いわば、「チーム原」という組織が地方にできるわけですから、それを広げていけたらもっと面白いことになります。**

先日も、ある方からこんな頼みごとをされました。

東北の伝統あるテニスクラブですが、後継者がいない。ぜひ原さんのほうで運営を継いでいただけないか、というのです。

聞けば、自分が一生懸命やってきたクラブで、情熱の証しである40年間の灯を消したくないとのことでした。「もし経営権を手放せば、すぐに不動産会社が来て、マンションになっておしまいだ」と言うんですね。

またひとつ、地方の風景から名物が消え、似たようなマンションが建つ。たしかに愉快な話ではありません。スポーツに愛着がある方で、私を必要としてくれているお話ですから、いいように進んでいけばいいなと思います。

結局のところ、私は人が好きなのです。そういう人が集う場所をなくしたくないと思うんですね。たとえそれが、私が門外漢であるテニスクラブだとしても、大きな枠でとらえれば同じスポーツですから。

**最近気づいた私の強みは、教え子がたくさんいること。**

もしかすると今後、その強みを生かして、「チーム原」という形態で全国に人が集まれる場所をもっとたくさんつくることができるかもしれません。それは、通帳とにらめっこをしているよりもよほど面白い取り組みでしょう。

**お金を儲けるよりも、雇用を生むことを考えたほうが、よっぽど楽しい**のです。

## 教え子たちが社会で活躍する本当の〝意味〟

青学大で指導を始めて、20年という月日が経とうとしています。

これだけ長く指導をしていると、教え子のなかには、社会人として会社で確固たる地位を築いている者もでてきました。

**私はつねづね、学生たちには「社会をよくするためのリーダーになってほしい」「スポーツマンは社会から頼りにされる存在になるべきだ」と伝え続けてきました。**

陸上の指導者はつい現場の指導だけに熱を入れがちですが、教育の三原則である「知育・徳育・体育」を意識して学生たちに接してきたつもりです。

ですから、部の卒業生たちが社会で活躍していると聞くと、それが一番うれしい。活躍するということは、社会で人々とウインウインの関係が築けているということですから、学生時代に青学大で学んだことがその根底にあると思えば、うれしさもひとしおです。

卒業生の多くがサラリーマンになるわけですが、もちろん、そこで伸び悩んでしまうケースもなかにはあります。パッと思い浮かんだのが、いまは菓子メーカーのブルボンで働いている、池田生成《いけだきなり》という教え子のことです。

ストイックに練習を頑張る選手で、彼は4年生のときに最初で最後の箱根駅伝で9区の区間2位になりました。非常に素直で真面目なのですが、サラリーマンになってから最初の3年間は鳴かず飛ばず。どこかマインドリセットができていない印象があったんです。

じつは、**陸上選手にありがちなのが、この「マインドリセット」の難しさ**なのです。箱根駅伝という魔法がかかっていて、社会との順応が遅れるんですね。社会人として飛び立つまでに時間がかかるのです。

どういうことかというと、社会では陸上選手の武器であったその真っ直ぐさがあだになることもあるということ。長距離という種目は、頑張ったことがそのまま自分に跳ね返ってくるので、仕事に対しても同じようなやり方で取り組むのでしょう。

ですが、社会は孤独に走る陸上とは違い、人との関係性で成り立っていますから、自分ひとりが頑張ってもチームとしてはうまく機能しません。まさに駅伝のようなチームワークが必要で、そこに気づくまでにけっこう時間がかかるんですね。

これは私にも経験があるからよくわかります。陸上に打ち込んで、アルバイトもせず、社会との接点を持たないまま社会人になった。自分で頑張れば、その成果はすべて自分に跳ね返ってくると思っていたが、そうはならない。「ああ、じつはひとりでやったと思っていたけれど、こんなにも多くの人がかかわってくれていたんだ」と、感謝の気持ちに自分で気づく必要があるのです。

彼もどこかのタイミングで、それに気づいたのでしょう。

社会人4年目くらいから顔つきが変わって、振る舞いも堂々としてきました。ブルボンと私たちはいま、サポート系のドリンクゼリーを共同開発していますが、彼はその商品のマーケティング担当の係長に抜擢されたと聞きます。ひと皮むけたという上司からの報告を受けて、私もうれしくなりました。

蛇足ですが、おそらく、これが長距離と球技系スポーツの大きな違いかもしれません。野球やラグビーやサッカーはチームスポーツですから、社会へ出ても比較的すっと溶け込んでいけるのです。ところが、**長距離経験者はなかなか社内で出世しない。そこがもどかしくもあります。真っ直ぐだから信頼はされる。でも、ある種の柔軟性にも欠けてしまう。**今後はそのあたりのことも意識して、うまく学生たちを徳育していきたいと思います。

## 「引き際」と「後継者」をどう考えるべきか

私自身にも、いつか引き際というものがやってきます。

まだ具体的に引退を考えているわけではありませんが、誰しもいつかはそういう日を迎えます。

クビになるか、それとも自分で限界を悟るか、私の場合はどちらでしょうか。

いずれにせよ、**チームが箱根駅伝で勝てなくなったときに、進退については改めて真剣に考えないといけない**のでしょう。

これまでは、大きな壁を感じることはなかったのですが、ここに来て少しだけ気になっていることがあります。それは、他大学がうちの特徴である指導を積極的に取り入れだしたこと。真似をするというと語弊がありますが、「青トレ」などのフィジカルトレーニングも、選手たち主導のミーティングも、10年前に私たちと同じようにやっていたチームはありませんでした。

それがいまでは、どこの大学でも似たような取り組みをしているのです。

ある意味、**チームカラーが似てきていて、その差別化をどうしていくかが今後の課題**というようにとらえています。

よくプレッシャーについても聞かれますが、私の場合はそれはありません。

**「大学駅伝3冠」という偉業がかかったときでさえ、「3冠を目指せるチームはうちだけ**

**なんだから」と考えて、逆にワクワク感しかありませんでした。**これは性格的なもので、「負けたら世間に何を言われるんだろう」というふうには考えないのです。

私は常日頃から、箱根駅伝の往路当日の1月2日から逆算して選手たちを見ています。**いまのチーム状態であれば、箱根駅伝本番をどう戦えるか。毎日のようにシミュレーションをしています。**当然、故障者がたくさん出ているときは不安になるし、逆に勝利の方程式である「原メソッド」を順調に消化できているときはホッとします。

試合が一番楽しいことですから、これを考えることも、まるで苦ではないのです。

ただ、ここ数年の青学大への期待値は非常に高くて、優勝するか、それ以外は負け、という見方をされますから、そこに対するしんどさは多少出てきました。2023年の箱根駅伝総合3位も悪くない成績ですが、「青学大が負けた」と報道されますから、そこに対してはもう少し評価をしてほしい、というのが正直なところです。

もし、この「常勝」と呼ばれるクオリティをキープしたまま、後任に監督の座を引き継げたら最高でしょうね。

私の指導を間近で見ている人物が2代目になるでしょうから、チームが大きく崩れる心配もありません。

心配なのは3代目。会社が傾いたり、不祥事を起こしたり、経営を揺るがす問題が発生するのは、だいたいこの3代目のときが多いのです。

3代目は最初からお金もあって名誉もある。ずっと親の金で生きてきているから、苦労を知りません。そして、周りはおべんちゃらばかりを言うでしょ。神輿を担がれるように社長の座に収まったはいいものの、たいして能力があるわけでもない。で、なんかおかしいなと思ったときにはすでに時遅く、会社は倒産の危機に瀕している、という具合です。

そういうときに意外といいのが、婿養子を取ることです。

「何のことか?」と思われるかもしれませんが、当然、血族外の婿養子ですから周囲の期待と疑いの目に応えようと努力します。自分の代で潰してなるものかと必死で頑張る。そうなると、そうそう会社が傾くことはないのです。

話が脱線しましたが、チームの運営もそれと同じだと考えています。いま、各大学はOBのなかから監督の候補を選ぶことが多いですが、先の**婿養子の発想でいえば、他校のOBから優秀な人材を引き抜くのもあり**なのです。緊張感を持ってやってくれますし、能力最重視で選んでいるので、仕事もできるでしょう。

私も2023年、中央大のOBで監督経験もある田幸寛史《たこうひろし》氏をコーチに招き入れました。そこには、こうした理由もあるのです。何だかんだ言って、常勝キープに向けて抜かりはありません。

## 私とチームにとって、とても大事な作戦名

さて、さまざまなことを話してきましたが、皆さんの心に響くような言葉はあったでしょうか。

この本が発売されるのは箱根駅伝の2カ月ほど前。それからひと月ほどしたら、私が恒例の作戦名を発表し、世間を軽くざわつかせていることでしょう。ふざけているように思われたりもしますが、あれはわりと真面目に考えているのです。

**12月10日のエントリーメンバー発表日（第100回大会は12月11日）に、もう一度チームを一枚岩にするためにつくっているようなもの。その作戦名に象徴される気持ちで、残りの3週間を戦っていこうという、チームに向けた檄《げき》でもある**のです。

第89回大会の「Z大作戦」に始まり、初優勝時の「ワクワク大作戦」、そして前回の

「ピース大作戦」まで、作戦名を発表すると、青学大チームにどっと注目が集まります。注目が集まるということは、選手のやる気につながる。見られて恥ずかしくないように、やはり選手も一生懸命に準備するのです。

最初から考えていたわけではありませんが、選手をノラせる仕組みを私がつくったと言うこともできます。

私が選手たちと一緒にテレビに出演するのも、じつは同じ理由からです。「こんな企画が来ているけど誰か出たいか」と聞くと、必ず何人かが手を挙げます。選手もアスリートですから、目立ちたいという人間もいます。

それを、**これまでの指導者たちは「メディアに出ると調子に乗る」「勘違いさせたくない」という理由で出る杭を打ってきました。ですが、私からすれば、それはまったくのネガティブ思考**なんですね。

たしかに、ガチガチに緊張する子もいるし、本当に自分の実力を勘違いする子もなかにはいます。けれど基本的には、人は注目されたほうが力が入りますし、チヤホヤされたらうれしいものです。

私だってそうですからね。

| 年 | 大会 | 作戦名 | 由来 | 結果 |
|---|---|---|---|---|
| 2019年 | 全日本大学駅伝 | 私、失敗しないので大作戦 | 大会を放送するテレビ朝日系の米倉涼子さん主演ドラマ「ドクターX」の主人公の決めゼリフに感銘を受け発案。「1区間でも失敗したチームは優勝できない」ことから | 2位 |
| 2020年 | 箱根駅伝 | やっぱり大作戦 | やっぱり4年生強かった、やっぱり青山学院は強かった、やっぱり青山学院を応援してよかったとなるよう願いを込めて | 優勝 |
| 2020年 | 出雲駅伝 | ※新型コロナウイルス感染拡大の影響で大会中止 | | |
| 2020年 | 全日本大学駅伝 | コロナに負けるな!大作戦 | コロナ禍で自粛ムードが広がっているなか、ウイルスに負けないポジティブな世の中にしたい。駅伝を通し、若者のはつらつとした走りを届けたいとの想いから | 4位 |
| 2021年 | 箱根駅伝 | 絆大作戦 | コロナ禍でつながりが薄れているので、箱根を通じて絆を取り戻したい。駅伝を通して青山学院全体の絆を結びつける走りを部員全員で行っていきたいと思ったため | 4位 |
| 2021年 | 出雲駅伝 | 結大作戦 | 縁結びの神様、出雲大社がスタート地点の出雲駅伝で青学の団結力を見せるとともに、コロナ禍が早く終結することを願って | 2位 |
| 2021年 | 全日本大学駅伝 | 男前大作戦 | すべての男より前で走りたいし、最終アンカーの飯田貴之はチーム1のイケメンであり、さらに参加チーム中一番イケメンをそろえているという自負から | 2位 |
| 2022年 | 箱根駅伝 | パワフル大作戦 | コロナで経済も気持ちも低迷しているので、力を結集し、パワフルな走りを箱根路で見せ、日本を明るくする想いを込めて | 優勝 |
| 2022年 | 出雲駅伝 | パチパチ大作戦 | コロナ禍で、大声での応援が難しいなか、懸命に走るすべてのランナーにパチパチと大きな拍手を送ってほしいと願って | 4位 |
| 2022年 | 全日本大学駅伝 | プライド大作戦 | それぞれのチームがプライドを持つなか、青学は昨季の箱根駅伝王者というプライドをかけて勝ちにいくという気合いを込めて | 3位 |
| 2023年 | 箱根駅伝 | ピース大作戦 | コロナ禍もロシアとウクライナの戦争も収束していないが、平和であるからこそ箱根駅伝はできるという感謝の気持ちを込めて | 3位 |
| 2023年 | 出雲駅伝 | イット!大作戦 | 出雲で5年ぶりの一等賞を狙うことと、出演中のフジテレビ系ニュース番組「Live News イット!」、そして3区の佐藤一世、4区の山内健登の名前をかけて | 5位 |

## 歴代大作戦名と由来、そして結果

| 年 | 大会 | 作戦名 | 由来 | 結果 |
|---|---|---|---|---|
| 2013年 | 箱根駅伝 | Z大作戦 | エース出岐雄大主将を10区で起用するため、最終走者とアルファベット最後の文字をかけて | 8位 |
| 2014年 | 箱根駅伝 | S大作戦 | 終盤に母校、世羅高校出身の選手を並べるので世羅の頭文字Sから取って | 5位 |
| 2015年 | 箱根駅伝 | ワクワク大作戦 | 今回はワクワク、ドキドキさせるレースができると感じたことから | 優勝 |
| 2015年 | 出雲駅伝 | 青トレ大作戦 | 中野ジェームズ修一氏が指導する青学独自の体幹トレーニング「青トレ」にちなんで | 優勝 |
| 2015年 | 全日本大学駅伝 | あっぱれ大爆走大作戦 | 司会に急に振られ、「学生史上で最強の軍団。爆走で見ているファンを盛り上げたい」という思いから | 2位 |
| 2016年 | 箱根駅伝 | ハッピー大作戦 | 自分たちチーム全員も見ている人も「"ハッピー指数"を上げていこう」という考えから | 優勝 |
| 2016年 | 出雲駅伝 | 神ってるぞ青山大作戦 | 25年ぶりにセリーグ優勝を果たした、出身地広島のプロ野球チーム「カープ」を象徴する言葉にあやかって | 優勝 |
| 2016年 | 全日本大学駅伝 | エピフライ大作戦 | スタート地点の名古屋名物と、どこを切ってもおいしくいける＝どの区間でも圧倒するということから | 優勝 |
| 2017年 | 箱根駅伝 | サンキュー大作戦 | 3連覇、3冠、そして監督になって9回目の出場。お世話になった人へ感謝の意味も込めて | 優勝 |
| 2017年 | 出雲駅伝 | 陸王大作戦 | 実技指導し、出演も果たしたTBS系ドラマ「陸王」と「陸の王者は慶応ではなく青学」という想いをかけて | 2位 |
| 2017年 | 全日本大学駅伝 | 青山祭大作戦 | 大会が行われる11月の3連休は学園祭シーズンだけに「そのフィナーレとして伊勢路のお祭りで打ち上げ花火を上げたい」という気持ちを込めて | 3位 |
| 2018年 | 箱根駅伝 | ハーモニー大作戦 | 「オーケストラのような美しいハーモニーを奏でることができれば優勝できる」という想いから | 優勝 |
| 2018年 | 出雲駅伝 | ヨロシク大作戦 | 「出雲駅伝4度目Vを6区間で。ポイントは4区。9度目の出場で優勝を果たしたい」ということで4649大作戦に。寝ずに考えました | 優勝 |
| 2018年 | 全日本大学駅伝 | メラメラ大作戦 | 出雲駅伝の優勝で満足している場合ではなく、チーム全員がメラメラと燃えていることから | 優勝 |
| 2019年 | 箱根駅伝 | ゴーゴー大作戦 | 就任15年目。箱根駅伝第95回大会で5度目の優勝。キーになる区間は5区。ライバルチームはゼッケン5番の東海大学。郷ひろみさんじゃないですが、アチチアチと燃えていることから | 2位 |
| 2019年 | 出雲駅伝 | 出てこい！駅伝男大作戦 | 全6区間出場選手のうち、3人が3大駅伝初出場だったため、デビューする彼らの躍動を願って。ちなみに「駅伝男」とは、レースで練習以上の力を出せる選手のこと | 5位 |

人から何かを求められればうれしいですし、「原に任せてよかった」と思われたい。講演活動などはまさにそうで、求めに応じて全国へ出かけ、私の話を喜んで聞いていただけるんですから、これほど楽しい仕事はないのです。

**私の心のど真ん中には、社会課題を解決したという思いがある。求められたことに対して、自分なりの解決策を見つけて、人に喜んでもらいたい。いまとなっては、それが自身の最大の喜び**でもあります。

実績も何もなかったときは、がむしゃらにやるしかなったけれど、いまはある程度の実績とノウハウをたずさえていますし、自分なりの武器もある。これからは社会が求めているものに対して、この武器をどう使っていくか。**欲を言えば、私は「箱根駅伝を勝っただけの人間」では終わりたくない**のです。

かつては体育学部卒ということでバカにされ、会社ではお荷物扱いされたこともありました。でも、そんな価値観をひっくり返してやろうと思い、がむしゃらに前を向いていまの地位を築いてきたのです。

「スポーツバカ」などという言葉もあるくらい、いまもスポーツマンに対する評価は決して高くはありません。

しかし、**私が考えるスポーツマンは、ただスポーツをやるだけの人ではないのです。ある意味、社会問題を解決する役目を背負っていて、それだけの影響力を持てる人物**だと思うのです。

いま、私は56歳ですが、まだまだ体力、気力ともに好調です。監督になったときに封印したゴルフを一昨年解禁し、趣味を持つことでよい息抜きもできています。新しいことにも関心があり、興味が尽きることはありません。

もっと〝バカ〟な話もしたいところですが、それはまたの機会に。ご拝読どうもありがとうございました。

[著者プロフィール]
原晋（はら・すすむ）
1967年、広島県三原市生まれ。青山学院大学陸上競技部長距離ブロック監督、同地球社会共生学部教授、一般社団法人アスリートキャリアセンター会長。広島県立世羅高校で全国高校駅伝準優勝。中京大学卒業後、中国電力陸上競技部1期生として入部するも、故障に悩み5年で引退。同社でサラリーマンとして再スタートし、新商品を全社で最も売り上げ、「伝説の営業マン」と呼ばれる。2004年から現職に就任。09年、33年ぶりに箱根駅伝出場を果たし、15年に同校を箱根駅伝初優勝に導くと、17年、大学駅伝3冠を達成。翌18年に箱根駅伝4連覇、20年には大会新記録で王座奪還し、22年にはさらに大会記録を更新し箱根駅伝6度目の総合優勝を果たす。監督業のかたわら、地方活性化、部活指導、さらにはフジテレビ系「Live News イット！」、TBS系「ひるおび」、読売テレビ系「情報ライブ ミヤネ屋」等に出演するなど幅広く活躍中。
X（旧ツイッター）アカウント：@hara_daisakusen

編集協力：小堀隆司

最前線からの箱根駅伝論

2023年11月10日　第1刷発行
2024年2月1日　第2刷発行

著　者　原晋
発行者　唐津　隆
発行所　株式会社ビジネス社
〒162-0805 東京都新宿区矢来町114番地
神楽坂高橋ビル5階
電話 03(5227)1602　FAX 03(5227)1603
https://www.business-sha.co.jp

カバー印刷・本文印刷・製本/半七写真印刷工業株式会社
〈装幀〉HOLON
〈本文デザイン・DTP〉茂呂田剛（M&K）
〈カバー・帯・本文トビラ写真〉石橋素幸
〈営業担当〉山口健志　〈編集担当〉大森勇輝

©Hara Susumu 2023　Printed in Japan
乱丁・落丁本はお取りかえいたします。
ISBN978-4-8284-2568-9